James Howe

***Augen**blicke*

James Howe

Augen

blicke

Aus dem Amerikanischen von
Mirjam Pressler

Ravensburger Buchverlag

Für Betsy

Bibliografische Information Der Deutschen Bibliothek

Die Deutsche Bibliothek verzeichnet diese Publikation in der Deutschen Nationalbibliografie; detaillierte bibliografische Daten sind im Internet über ***http://dnb.ddb.de*** abrufbar.

RAVENSBURGER JUNGE REIHE

3 2 1 03 04 05

Aus dem Amerikanischen von Mirjam Pressler

Die Schreibweise entspricht den Regeln der neuen Rechtschreibung.

Umschlag – Fotografie von Betsy Imersheim
Lektorat – Ulrike Metzger

Printed in Germany

ISBN 3-473-35243-8

www.ravensburger.de

You can't always get what you want

But if you try sometimes,
You just might find

You get what you need.

The Rolling Stones

Das Mädchen hatte keine Erinnerung,
keine wirkliche Erinnerung.
Das Mädchen hatte keine richtige Erinnerung daran, wie sie zu diesem Ort gekommen war. Es war ein Traum.
Außer dem Traum, der so wirklich war, dass er sich anfühlte wie eine Erinnerung,
der Traum, einmal eine Familie gehabt zu haben und sie zu verlieren.
Das Mädchen hatte keine wirkliche Erinnerung daran, wie sie zu diesem Ort gekommen war, außer dem Traum, der sich so wirklich anfühlte, dass er eine Erinnerung sein könnte. Der Traum, einmal eine Familie gehabt und verloren zu haben. Hatte es einen Schiffbruch gegeben? War sie so mit ihrer Familie an Land gespült und von ihr getrennt worden? Was spielte es für eine Rolle, ob es wirklich war oder ein Traum? Tatsache ist, dass das Mädchen ihr ganzes Leben, das ganze Leben, an das sie sich erinnerte,
auf dieser Insel gelebt hatte, wo niemand lebte,
wo niemand lebte, den sie kannte,
außer dem Biest, das sie gefangen hielt,
und die Puppe?
Und die verzauberte Puppe.

Ein Haus voller Fremder

Der bittere Geschmack von Grafit brachte sie zu sich. Wie lange hatte sie hier gesessen, in Gedanken versunken? Sie ließ den Bleistift sinken, steckte ihn in das kleine Notizbuch auf ihrem Schoß, und seine Stelle nahm eine ölige Haarsträhne ein, an der sie saugte und knabberte wie eine hungrige kleine Maus.

Es war der erste Tag. Erstaunlicherweise hatten sie ihr erlaubt, allein hinauszugehen, und sie hatte fast sofort diesen sicheren Platz gefunden, diesen Platz oben auf der Treppe, wo sie sitzen und die anderen am Strand beobachten konnte. Es war noch früh und ein Wochentag, daher war der Strand fast leer. Sie war glücklich darüber. Es fiel ihr leichter zu glauben, unsichtbar zu sein, wenn es weniger Augen gab, die sie sehen konnten. Was würden sie auch schon sehen? Ein knochiges Mädchen mit offenen braunen Haaren, die ihr um das Gesicht hingen und auf die Schultern fielen. Ein ausgebeultes T-Shirt und rosa und taubenblaue Gummilatschen, der eine von einem Klebestreifen zusammengehalten. Das war alles. Nur ihr Körper, nur ihre Kleidung. Sie würden nicht *sie* sehen. Nein.

Ihre Eltern hatten nie zuvor ein Haus am Strand gemietet. Die Tatsache, dass sie es für einen ganzen

Monat getan hatten, erfüllte sie mit so unbekannten Gefühlen, dass sie keinen Namen für sie hatte. Trotzdem war es gut, mit *etwas* angefüllt zu sein, sogar mit Gefühlen ohne Namen. Es war, so stellte sie sich vor, ein bisschen, als habe man eine Geburtstagsparty und alle Gäste waren Fremde. Ein Haus voller Fremder, aber ein volles Haus.

Es kam ihr nicht in den Sinn, am Strand zu sitzen. Erstens hatte sie kein Handtuch mitgenommen, um sich darauf zu setzen. Sie trug noch nicht mal einen Badeanzug unter ihrem T-Shirt, nur Shorts. Das machte nichts. Sie war zufrieden, wo sie war, ein bisschen oberhalb, ein bisschen entfernt von den Menschen und dem Sand und dem Meer, das sich unendlich ausdehnte. Von da, wo sie saß, konnte sie die Kinder beobachten, wie sie auf ihren pummeligen Beinchen zum Rand des Wassers liefen und ihre Eimer füllten, dann in die sichere Obhut ihrer Mütter zurückrannten, quietschend und lachend, wenn die Wellen hinter ihnen angerollt kamen und ihre Fersen berührten. *He, ich hab dich!* Sie konnte sogar die Creme riechen, die Mütter aus Tuben in ihre Handflächen drückten, um damit liebevoll die braun werdenden Bäuche und die warmen Rücken ihrer kleinen Söhne und Töchter einzucremen. Sie konnte sehen, wie Schirme zu Blüten aufplatzten, und das erinnerte sie an die Krokusbüschel, die jedes Jahr bei ihr im Hinterhof erschienen und sie immer überraschten und die Erinnerung an Hoffnung mit sich brachten.

Aber was sie am aufmerksamsten beobachtete, waren die Familien – keine Teile von Familien aus nur einer Mutter oder einem Kindermädchen, sondern das, was für sie eine vollständige Familie war, mit zwei Eltern und mindestens zwei Kindern, am liebsten mit einem Mädchen und einem Jungen.

An diesem Morgen gab es nur eine solche Familie am Strand, und sie fand sie nicht nur vollständig, sondern fast perfekt. Es war das kleine Mädchen, das ihren Blick auf sich gelenkt hatte, aber es war der Bruder des Mädchens, der ihn gefangen hielt. Er musste ungefähr dreizehn sein, so alt wie sie, vielleicht auch ein bisschen älter. Er war ein ganzes Stück älter als seine Schwester, das war klar. Er hatte einen langen, dünnen Körper, so ähnlich, wie er einmal in einem Buch als »schlaksig« beschrieben worden war.

Aber es war nicht sein Körper, der sie interessierte, sondern sein Verhalten – zum Beispiel die Art, wie er für seine Schwester eine Kuhle in den Sand grub, in die sie sich setzen konnte, und sich neben sie kniete und ihr geduldig zuhörte, bevor er damit begann, einen kunstvollen Fischschwanz aus Sand zu formen, der sie zu einer Meerjungfrau machen würde.

Ihr schien, soweit sie das von der Stelle, an der sie saß, beurteilen konnte, dass der Junge wirkliches künstlerisches Talent besaß. Sie fragte sich, ob sein Vater vielleicht Künstler war, denn sie bemerkte, dass er seine spielenden Kinder zeichnete.

Sie erwartete, dass der Junge irgendwann weglaufen würde, um Freunde zu treffen, und seine Schwester würde zurückbleiben. Aber das tat er nie. Er schien gern mit ihr zusammen zu sein, und als er einmal ihre Hand nahm, war es eine so natürliche Geste, dass sie sicher war, er hatte es schon oft getan. Und als sie später am Tag, nachdem sie die Familie schon lange beobachtet hatte, sah, wie der Junge sich hinunter beugte und seine Schwester auf den Kopf küsste, wirklich küsste, wurde ihr so schwindlig, dass sie den Kopf auf die Knie legen und an andere Dinge denken musste, bis das Schwindelgefühl vorbeiging.

Sie wandte ihre Aufmerksamkeit den anderen am Strand zu. Es wurde langsam spät. Die Leute packten zusammen und gingen weg. Die einzigen Neuankömmlinge waren ein paar Jungen mit Surfbrettern. Sie duckte sich, als sie an ihr vorbeigingen, die Stufen hinunter; sie fand ihre dröhnenden Stimmen und ihre männlichen Posen abstoßend.

Zu diesem Zeitpunkt wurde ihr klar, wie sehr sie an diesem Tag noch jemand anderen beobachtet hatte, jemand anderen als die Familie. Meist hatte sie seine Schultern und seinen Nacken und seinen Hinterkopf betrachtet, alles golden und gebräunt, denn das war alles, was sie sehen konnte, während er saß, und das tat er fast den ganzen Tag. Aber von Zeit zu Zeit war er aufgestanden, hatte auf seiner Trillerpfeife gepfiffen oder mit den Armen gewinkt oder sich ausgestreckt. Und manchmal war er aufgesprungen und ins Wasser gerannt und hatte einen zappelnden Schwimmer herausgeholt oder war selbst zum Schwimmen gegangen; bei diesen Gelegenheiten hatte sie ihn am liebsten beobachtet. Wenn er an ihr vorbeiging, um zum Strand zu gehen, sprach er nicht zu ihr, er bemerkte sie überhaupt nicht. Das war logisch, dass er sie nicht sehen konnte. Sie war unsichtbar.

Aber sie sah *ihn,* und obwohl sie es nicht wirklich verstand – wie anders konnte er schon sein als diese Rüpel mit ihren Surfbrettern, ein bisschen älter vielleicht, aber aus demselben Holz geschnitzt –, sie fand ihn schön. Schöner als irgendjemanden, den sie je gesehen hatte.

Wenn sie irgendwo anders gewesen wäre, hätte sie ihre ungewöhnliche Empfindung eher störend als aufregend empfunden, aber hier, an diesem magischen Ort, der so war wie die Krokusse im Frühling, geschah das Gegenteil. Hier, dachte sie, hier könnte sie in einem Haus voller Fremder leben und sich daheim fühlen.

Woher sollte das Mädchen gewusst haben, dass es einen Engel gab?
Sie war immer eine Gefangene gewesen. Sie hatte nichts von dieser Insel gesehen, außer dem, was das Biest ihr zu sehen erlaubt hatte.
Dann, eines Tages, während die verzauberte Puppe ihr ein Lied vorsang, fiel ihr ein Schlüssel aus ihrer Tasche. Das Mädchen schnappte ihn schnell, bevor die Puppe sie merkte.
Denn wenn die Puppe im Banne der Musik stand, sah und hörte sie nichts. Und so konnte das Mädchen die Tür aufschließen und hinausschlüpfen. Das Biest schlief im Schatten eines Baums. Es schlief wie betäubt. Um es herum lagen die Knochen seiner letzten Mahlzeit. Das Mädchen zitterte. Das Biest fraß Tiere, ohne sie vorher zu töten.
Das Mädchen wagte kaum zu atmen, auf Zehenspitzen schlich sie an dem Biest vorbei, bis sie das Tor erreicht hatte und frei war.
In der Ferne konnte sie das Rauschen des Ozeans hören. Sie rannte fremde Wege entlang, vorbei an Heidelbeerbüschen und an hohem Schilf, wisperndem Schilf, wilden Heidelbeeren und wisperndem Schilf, bis sie zu den Dünen kam, und dann rannte sie durch die Dünen und war endlich am Ozean.

Ihr Herz war glücklich und traurig zugleich.
Glücklich, weil der Ozean sich unendlich ausdehnte und Freiheit versprach.
Traurig, weil der Ozean die kleine Insel umgab und Gefangenschaft bedeutete.
Das Mädchen begann zu weinen.
Dann hörte sie das Flattern von Flügeln.
Und dort,
dort,
oben auf einem Holzturm am Rand des Ozeans, sah sie einen Engel, der seine wolkenweißen Flügel an seinen goldenen Körper faltete.
Er schaute über den Ozean, mit stolz erhobenem Kopf. Er sah das Mädchen nicht.
Woher war er gekommen? Warum war er hier?
Vielleicht hatte das Mädchen gebetet, ohne es zu wissen, und der Engel war eine Antwort auf ihr Gebet.

Er konnte sich selbst schweben sehen

Chris Powell war zerstreut. Seine Kollegin hatte ihn zweimal gefragt, ob er einen Kaugummi wolle, und zweimal hatte er Nein gesagt, ohne zu wissen, was er gefragt worden war. Es sah Chris nicht ähnlich, zerstreut zu sein; er war nicht das, was man einen Denker nennen würde. Um die Wahrheit zu sagen, die ganze Angelegenheit war ihm unangenehm.

»Bist du in Ordnung?«, fragte Jenny.

»Nein«, sagte Chris, ohne sie anzuschauen. »Doch, ich bin in Ordnung.«

Es war nicht so, dass Chris keine Lust hätte, mit Jenny zu sprechen, er hatte nur überhaupt keine Lust zu sprechen. Etwas versuchte, sich einen Weg in seinem Gehirn an die Oberfläche zu bahnen, damit er es packen konnte, und bis es dort ankam, musste er ihm den Weg freihalten. Das Problem war, dass er in solchen Dingen nicht sehr erfahren war. Mit all diesen Gedanken, die in seinem Kopf herumschwammen wie Treibgut und Strandgut, wie sollte er da wissen, welcher es war, der ihn ablenkte?

»Chris, wach auf!«, fuhr ihn Jenny an. »Hast du nicht gehört, dass ich gesagt habe, ich gehe rein? Ein Kind ist in Schwierigkeiten. Los, zieh das Programm durch!«

Er beobachtete, wie Jenny zum Strand hinunterrannte, um einen strampelnden Knirps aus der Brandung zu holen. Anscheinend war das Kind von einer zurückschwappenden Welle mitgerissen worden. Wo, zum Teufel, waren die Eltern? Er stellte sich vor, wie die Mutter von irgendeinem kitschigen Taschenbuch, das sie vermutlich las, den Kopf hob, losrannte und sich auf ihr plärrendes Kind stürzte. *Mein armes Baby, geht es dir gut? Mami ist ja da, nicht weinen, nicht weinen ...*

Nicht weinen, Scheiße. Sie haben Glück gehabt, Lady ...

Chris ermahnte sich selbst, die Aufmerksamkeit wieder auf den Ozean zu richten. Warum fiel es ihm heute so schwer, den Kopf bei der Arbeit zu behalten? He, es war nicht nur heute so. In der letzten Zeit hatte er sich dabei ertappt, dass er sich dort draußen verlor, dass er, Gott sei sein Zeuge, sich selbst sah, wie er durch die Luft schwebte, über den Ozean, wie einer dieser Ballons, die Reklame für Sonnenschutzmittel oder sonst einen Blödsinn machten. Nein, eher wie ein Pelikan auf der Jagd nach einem schmackhaften Fisch, gleitend, treibend, den Wind reitend, bis er hinabstieß und die Beute mit seinem Schnabel schnappte. Nur, Chris stieß nicht hinab. Er schwebte, glitt durch die Luft, schaute, ohne zu wissen, was er suchte.

Und während der ganzen Zeit, die er dort schwebte, saß er bewegungslos auf seinem Platz oben auf dem Rettungsschwimmerstand, die Ellbogen auf die Knie gestützt, die Schnur mit der Trillerpfeife drehte sich ständig um den Zeigefinger seiner linken Hand, mit dem Uhrzeigersinn, dann gegen den Uhrzeigersinn, dann mit dem Uhrzeigersinn. Tick. Tock.

Jenny kletterte zurück auf den Stand, der Geruch der Brandung hing an ihrer nackten Haut.

»Eine schöne Rettung«, sagte Chris gelassen.

»War nichts«, zwitscherte Jenny, und das war, wie Chris wusste, grundsätzlich richtig. Solche Aktionen erledigten Rettungsschwimmer Tag für Tag. Seiner Ansicht nach konnte man es kaum eine Rettung nennen, wenn man jemanden aus dem Wasser holte, wo man noch stehen konnte. Sogar weiter draußen war eine Rettung normalerweise keine Sache auf Leben und Tod, obwohl er wusste – weil er es bei der Ausbildung Millionen Mal gehört hatte –, dass es bei jedem Problem in jeder Wassertiefe um Leben und Tod gehen konnte.

Er hatte noch nie jemanden vor dem Ertrinken gerettet – jedenfalls nicht aus dieser *wirklich* lebensgefährlichen Situation. Manchmal, wenn er mit anderen Rettungsschwimmern zusammen war, sagte Chris, dass er die Gelegenheit nicht erwarten könne, einmal ein großer Held zu sein. Aber die Wahrheit war – und niemand wusste das, *niemand* –, er hatte Angst, er würde versagen statt ein großer Held zu sein …

Die Bewegung von Jennys Arm, als sie ihre Lippen mit einem Lipgloss nachzog, zog seine Aufmerksamkeit auf sich. Er drehte den Kopf ein paar Zen-

timeter in ihre Richtung und versuchte, einen Blick auf das Mädchen auf der Treppe zu erhaschen.
Er hatte keine Ahnung, wieso er so sicher wusste, dass sie nur *ihn* beobachtete, nicht die anderen. Er konnte es einfach fühlen. Jeden Tag, normalerweise eine Stunde, nachdem er seinen Dienst anfing, fühlte er, dass sie da war. Er sah sie niemals kommen. Er drehte den Kopf und da war sie: Sie saß immer auf derselben Stufe, lehnte ihre Schultern gegen denselben schmalen Pfosten und beobachtete ihn wie durch ein Mikroskop, als wäre er eine schäbige Amöbe.
Sie war vielleicht zwölf. Anfangs war Chris sich unsicher, ob sie nicht einfach eine von diesen Rettungsschwimmer-Groupies war. Groupies gehörten zu diesem Job, und Chris würde nicht sagen, dass es ihm etwas ausmachte, obwohl die meisten sozusagen zu unreif zum Pflücken waren, man sollte lieber nur mit den Augen mit ihnen spielen und seine Hände bei sich behalten. Aber es gab da einiges, was bei dieser da nicht stimmte. Sie kam nie zum Standplatz, kein einziges Mal, sie fragte ihn nie etwas oder sagte *Hi*, wenn er an ihr vorbeiging. Sie lächelte nie. Und sie war immer allein.
Und Chris hatte immer das Gefühl, dass sie ihn beobachtete.
Ein paar Tage, nachdem er ihren Blick zum ersten Mal bemerkt hatte, fing er an, sich zerstreut zu fühlen. Es war, als wäre man mit jemandem zusammen, der ein winziges Objekt auf den Boden fallen

lässt, eine Kontaktlinse oder einen Ohrring, und man hilft stundenlang, das Ding zu suchen, und schon bald wird es zu einer Besessenheit, man muss es finden, man sucht weiter, auch wenn die Person, die es verloren hat, vielleicht gar nicht mehr da ist. Oder man hat sogar vergessen, was man da sucht, trotzdem sucht man weiter, weil man muss, weil das Suchen plötzlich das ganze Leben ist, und man erkennt, dass man niemals zuvor etwas gesucht hat, nicht wirklich.

Chris schüttelte den Kopf, halb in der Erwartung, es würde darin klirren, und fragte sich, was zum Teufel ihn dazu brachte, solchen Mist zu denken.

»Schau«, hörte er Jenny sagen.

Er drehte sich nach links und sah ein Mädchen (Sieben? Acht? Chris hatte das Bedürfnis, das Alter der Kinder zu schätzen, obwohl er es nicht gut konnte, er war noch nicht mal daran interessiert, er musste es nur aus irgendeinem Grund tun). Das Mädchen wurde von einem älteren Jungen (Vierzehn? Fünfzehn?) in eine Meerjungfrau aus Sand verwandelt.

»Mir gefällt, wie er die Schuppen gemacht hat«, sagte Jenny.

Chris schob seine Sonnenbrille mit Spiegelgläsern nach oben und kniff die Augen zusammen, um besser zu sehen. Brummend nahm er die Brille ab, als der Junge etwas sagte und das Mädchen lachte. Er beobachtete, wie der Junge zu den Eltern lief, die ihre Bücher zur Seite legten und herkamen, um sich das Kunstwerk anzuschauen. Sie tätschelten dem

Jungen die Schultern. Der Vater lief zurück und holte einen Fotoapparat.

»Eine nette Familie«, bemerkte Jenny.

Chris zuckte mit den Schultern. »Alle Familien sehen am Strand nett aus«, sagte er.

»Mann, sei nicht so zynisch«, sagte Jenny. »Wie sieht denn *deine* Familie aus? Hast du Geschwister?«

Er zuckte noch einmal mit den Schultern. »Ich bin ein Einzelkind.«

»Callie!«, hörte er den Jungen rufen. »Komm, schwimm mit mir!«

Er beobachtete, wie der Junge das Mädchen behutsam aus ihrer Meerjungfrauenform zog, dann ein kleines Schwimmbrett ergriff und schnell ins Wasser rannte.

»Warte, Evan!«, rief ihm das Mädchen nach. »Warte auf mich!«

»Was ist mit ihr?«, fragte Chris.

»Mit ihr?«, sagte Jenny. »Ich nehme an, sie mag Meerjungfrauen.«

»Nicht mit ihr«, sagte Chris. »Mit der anderen dort hinten auf den Stufen. Die mich die ganze Zeit beobachtet.«

Jenny schaute über ihre Schulter.

»Oh, die«, sagte sie. »Ich würde mich nicht darüber aufregen, Chris. Vermutlich ist sie sehr schüchtern. Außerdem, bist du nicht daran gewöhnt, angegafft zu werden? Ich habe gedacht, ihr Typen mögt es, Sexobjekte zu sein.«

»Nein, sie schaut mich nicht auf *diese* Art an. Sie schaut mich an, als wolle sie etwas.«

»Warum fragst du sie dann nicht, was sie will?«

Chris schnaubte. »Stimmt«, sagte er.

Er schaute zurück zum Ozean und dachte an den vergangenen Sommer, als er auf der anderen Seite der Insel als Rettungsschwimmer gearbeitet hatte. Er hatte praktisch die ganze Zeit damit verbracht, über die Bucht hinweg zur weit entfernten Silhouette von New York zu starren, und sich gewünscht, es wäre ein Jahr später, damit er die Highschool hinter sich hätte und am Strand arbeiten und auf den Rest seines Lebens warten könnte. Nun war er hier und der Rest seines Lebens war so ausdruckslos wie der Horizont.

Nun, vielleicht nicht vollkommen unbedeutend. Er hatte Pläne. Gleich nach dem Labor Day wollte er sich auf eine Fahrt quer durch den Kontinent machen und nicht anhalten, bis er Malibu erreichte. Er wusste nicht, warum ausgerechnet Malibu, außer dass er gehört hatte, man könne dort großartig surfen. Und vor allem war es dreitausend Meilen weit entfernt.

Bestimmung. Das war das Wort für seinen Plan. »Kalifornien ist meine Bestimmung«, sagte er gern zu den anderen. Einmal hatte ein Mädchen zu ihm gesagt: »Meinst du nicht, es wäre dein *Ziel*?« Das hatte ihm einen Schlag versetzt, denn *Ziel* machte alles so klein und unbedeutend. Zum Teufel, ein Ziel war das, was man hatte, wenn man loszog und ein Sixpack oder ein Eis kaufen wollte. Doch dann bekam er das Wort *Bestimmung* wieder in den Kopf und abermals kam ihm sein Plan groß vor.

Nach diesem Vorfall wurde er vorsichtig, wem er davon erzählte. Er wusste in dem Moment, als er Jenny traf, die im dritten Studienjahr an irgendeinem schicken College war und im Hauptfach Psychologie studierte, dass sie keine geeignete Kandidatin für diese besondere Art der Unterhaltung war, nicht, wenn er es vermeiden wollte, einen wirren Kopf zu bekommen. Das Problem war, dass er es in diesen Tagen anscheinend selbst hervorragend schaffte, sich selbst durcheinander zu bringen, er brauchte weder Jenny noch sonst jemanden, um es für ihn zu tun.

Eines stimmte. Er war froh, weg von zu Hause zu sein. Er musste nicht mehr das Gemecker seiner Mutter anhören, weil er nicht aufs College ging, oder wie sein Vater sagte: »Lass den Jungen in Ruhe. Er hat seine glorreichen Jahre gehabt. Ich habe es ihm einmal gesagt, ich hab's ihm hundertmal gesagt, der Highschool-Abschluss ist das Beste, was er kriegen kann.«

Chris sagte es nicht gern, aber sein Vater war ein Arschloch. Einmal, nachdem sie beide ein paar Bier getrunken hatten (sonst hätte er das nie gewagt), hatte Chris seinen Vater gefragt: »Was ist mit Mom und mir? Sind wir auch das Beste, was du kriegen konntest?« Sein Vater hatte nicht geantwortet, nur etwas gemurmelt, was Chris nicht verstand, nicht dass er erwartet hätte, es sei etwas Wichtiges gewesen. Später hatte sein Vater den Arm um seine Schulter gelegt und ihm mit dieser schwülstigen, nuscheligen Stimme gesagt: »Es ist nicht so, dass ich dich und deine Mutter nicht liebe.« Dann hatte er seinen Arm wieder weggenommen, Chris hatte dagestanden, mit zusammengekniffenen Augen, und hatte versucht, sich diesen Augenblick ins Gedächtnis einzuprägen, denn er war sicher, dass er dem Umstand, seinen Vater sagen zu hören, dass er ihn liebe, näher gekommen war, als er es je wieder schaffen würde. Besseres als dies würde es niemals geben.

»Ich kann mir nicht vorstellen, wie das ist, ein Einzelkind zu sein«, hörte Chris Jenny sagen, »obwohl ich es mir manchmal gewünscht habe. Ich habe zwei ältere Schwestern und einen jüngeren Bruder. Hast du dir manchmal Geschwister gewünscht?«

Chris zuckte mit den Schultern. »Nicht wirklich. Was nützt einem schon das Wünschen?«

Als Jenny nichts sagte, fiel Chris in die Stille zwischen ihnen und verlor sich darin. Blitzschnell war er draußen über dem Ozean, schwebend, gleitend, sich erinnernd ...

Es war einmal ein Zimmermann und der Zimmermann hatte eine Frau. Sie waren erst neunzehn, als sie heirateten, gleich nach der Highschool, und es dauerte kein Jahr, da hatten sie ein Kind. Einen kleinen, blauäugigen Jungen namens Michael. Michael junior. Nach seinem Daddy.

Der Zimmermann hatte eine Werkstatt in der Garage, die ans Haus angebaut war, deshalb war er oft zu Hause, und das hieß, er konnte mehr Zeit mit seinem Sohn verbringen als die meisten anderen Väter. Er brachte ihm sein Handwerk bei – so viel, wie man einem vierjährigen Jungen beibringen kann –, und er erzählte Geschichten, während sie Seite an Seite arbeiteten. Immer, wenn Michael, der Sohn, seine Hand auf eine gefährliche Stelle legte, nahm Michael, der Vater, sie wieder weg.

Dann, ein paar Wochen vor dem fünften Geburtstag des Jungen, nahm ihn der Vater zu einem Job in der benachbarten Stadt mit.

»Nun, Mikey«, sagte er zu dem Jungen, als sie angekommen waren, »ich arbeite heute auf dem Dach.«

Und Mikey sagte: »Lass mich mit hinauf, Daddy. Bitte.«

Der Zimmermann lachte darüber, natürlich, denn der Junge war zu klein, um auf einem Dach herumzuklettern. Nein, nie würde er seinen Sohn solch einer Gefahr aussetzen. »Geh und spiel«, sagte er zu Mikey. »Im Hof ist eine schöne Schaukel. Geh schaukeln, dann kann ich ein Auge auf dich haben.«

Vom Dach aus beobachtete der Vater, wie sich der Sohn mit seinen kräftigen kleinen Beinen abstieß und sich selbst Geschichten erzählte, wie er es immer tat. Er sah ihn von der Schaukel herunterspringen, um einen Hund zu streicheln, der in den Hof gekommen war, und der Vater lächelte, als er daran dachte, wie sehr sein Sohn Hunde liebte. *Ich werde Mikey einen Hund zum Geburtstag schenken,* dachte er, *das werde ich tun.*

Erfreut über diese kluge Idee, machte er sich wieder an seine Arbeit. *Ich muss mich konzentrieren,* sagte er sich selbst, *sonst falle ich runter und breche mir den Hals.* Schon bald war er so in seine Arbeit versunken, dass er nicht sah, wie der Hund weglief und der kleine Mikey ihm folgte. Alles, was er sah, als er wieder daran dachte, nach seinem Sohn zu schauen, war die Bewegung der leeren Schaukel.

Der scharfe Schrei einer Möwe riss Chris aus seinen Gedanken.

»Was nützt einem schon das Wünschen?«, sagte er.

»Hast du was gesagt?«, fragte Jenny.

Chris senkte den Kopf. Er wollte nicht länger über den Ozean starren. Er war es müde, zu schweben und zu gleiten, er war es müde, Ausschau zu halten, ohne zu wissen, was er suchte.

»Chris?«, sagte Jenny.

Chris hob den Kopf und drehte ihn leicht in Jennys Richtung. »Ein schöner Tag zum Angeln. Das habe ich gesagt. Ein schöner Tag zum Angeln. Es sei denn, man ist ein Fisch, nehme ich an.«

Jenny lachte. Chris lächelte, als er es hörte. Sie war in Ordnung, diese Jenny. Sie war eine der Personen, der man auch mal Unsinn erzählen konnte.

Vielleicht.

Vielleicht.

Engel brennen mit einem himmlischen Feuer. Man darf sie nie berühren oder ihnen zu nahe kommen.
Trotzdem wünschte das Mädchen,
und wie sehr sie sich wünschte, der Engel würde sie aufheben und in den Armen tragen, über die Wasser des Meeres bis …
bis wohin?
Bis in ein Land, wo sie frei wäre,
sicher,
in ein anderes Land.
Aber was nützte es einem, sich nach etwas zu sehnen, das niemals sein konnte?

Doch eines Tages entdeckte das Mädchen, dass der Engel nicht der Einzige auf der Insel war. Es gab ein ganzes Königreich voller glücklicher, liebender Menschen.
Jeden Tag kamen der König und die Königin zum Strand und mit ihnen der Prinz und die Prinzessin.

Du kannst nicht immer bekommen, was du möchtest

Callie stand am Bett ihres Bruders. Schimmernde phosphorgrüne Zahlen sagten ihr, dass es 2:37 Uhr war. Sie weinte.

»Ich habe schlecht geträumt«, flüsterte sie in die Dunkelheit.

Sie krabbelte neben Evan und sagte: »Ich habe Durst.« Sie roch nach Tränen und Johnson's Baby Shampoo.

»In einer Minute«, murmelte ihr Bruder.

Wimmernd sagte sie noch einmal: »Ich habe schlecht geträumt.«

Evan rollte sich auf die andere Seite und zog seine kleine Schwester an sich. »Ich weiß«, sagte er. »Aber jetzt bist du bei mir. Dir geht es gut.«

»Wir waren schwimmen. Du und Mommy und Daddy und ich, wir waren alle im Meer schwimmen. Dann waren Mommy und Daddy nicht da, nur noch du und ich. Ich weiß nicht, wohin sie gegangen sind. Irgendwohin. Egal.« Callie leckte ihre trockenen Lippen. »Egal. Wir sind geschwommen, ganz, ganz weit hinaus, sodass wir den Strand nicht mehr gesehen haben, aber ich habe gehört, dass die Rettungsschwimmer gerufen haben: ›Kommt zurück, kommt zurück‹, so ganz leise Stimmen, und ich habe gesagt: ›Schwimmen wir weiter, den ganzen Weg nach Hause.‹ Aber ich habe unser richtiges Zuhause gemeint, nicht das Haus hier. Und du hast gesagt: ›In Ordnung.‹ Dann habe ich mich umgedreht und du warst nicht mehr da. Ich habe dich gerufen, aber du hast nicht geantwortet.«

»Wo war ich?«, fragte Evan.

»Ich weiß nicht. Weg. Irgendwo. Ich habe gedacht, du würdest zurückkommen, weil ich ein Plätschern gehört habe. Aber das warst nicht du, es war dieses große, hässliche Monster. Und es sagte: ›Du kommst mit mir unter Wasser, Girlie!‹«

»Girlie?« Evan lachte und Callie sagte: »Das ist nicht komisch, Evan. Ich hatte große Angst, nur dass du's weißt.«

»Tut mir Leid.«

»Ich sagte also Nein, aber es sagte, ich müsste, denn das wäre seine Aufgabe. Und das Nächste, was ich weiß, ist, dass es mich mit seinen Armen unter Wasser zog, sie waren bedeckt mit schleimigen Algen. Und ich habe immer weiter nach dir und Mommy und Daddy gerufen, aber niemand ist gekommen. Und ich ging unter Wasser und das Monster hat gelacht. Und dann bin ich aufgewacht.«

Evan strich seiner Schwester über die Haare. »Es gibt keine Monster«, sagte er.

»Doch.«

»Gut. Aber ich würde nie zulassen, dass dich ein Monster irgendwohin bringt.«

»Monster sind größer als du, Evan, und stärker. Du könntest mich nicht vor einem Monster retten.«

»Doch.«
»Aber du könntest mich nicht vorm Untergehen retten.«
»Doch. Ich würde dich vor allem retten, das weißt du. Ich lasse nicht zu, dass irgendetwas dir wehtut.«
»Ehrlich?« Callie berührte mit der Zunge eine Träne, die den Weg zu ihren Lippen gefunden hatte.
»Ehrlich.«
Sie dachte darüber nach, dann sagte sie: »Ich habe immer noch Durst.«
Als Evan aufstand, fühlte Callie, wie sein flaumiges Bein ihres streifte. »Schade, dass du deine Beine nicht rasieren kannst, wie Mädchen das tun. Ich finde es eklig, dass Jungen behaarte Beine haben.«
»Danke sehr«, sagte Evan und verließ das Zimmer.
Callie beobachtete die phosphorgrünen Zahlen und dachte darüber nach, dass es immer ihr Bruder war, der ihr nachts Wasser brachte oder sich ihre schlimmen Träume anhörte. Evan sagte, das stimme nicht, aber für Callie war es so. Evan sagte, es habe angefangen, als sie vier war, nachdem sie damals aus dem Krankenhaus zurückgekommen war.
An was sie sich erinnerte, war, dass ihr Bruder ihr vorlas, während sie Wackelpudding aß. Ihr Kiefer tat weh von der Zyste, die man entfernt hatte, deshalb konnte sie nicht so viel essen, und auch sprechen tat ihr weh. Und lachen. Evan hatte versucht, sie zum Lachen zu bringen, sobald sie vom Krankenhaus nach Hause gekommen war, als habe er entschieden, das sei eine gute Medizin für sie.

Und ihre ersten Worte waren gewesen: »Hör auf, Evan.« Was er auch sofort tat, und dann hatte er angefangen, ihr vorzulesen. Er las ihr jeden Tag vor, wenn er von der Schule nach Hause kam, jedes Buch, das sie wollte. Er brachte ihr bei, wie man Papierschachteln faltete und Vögel.

Am Samstag sahen sie sich den Film über die kleine Meerjungfrau an, damals war der Wunsch in ihr entstanden, ebenfalls eine Meerjungfrau zu sein. Seither hatte Evan jedes Jahr im Sommer, wenn sie zum Strand fuhren, eine Sandmeerjungfrau aus ihr gemacht. Einmal hatten sie drei Eimerchen voller Muscheln gesammelt, und statt ihren Sandschwanz mit Strichen zu markieren, hatte Evan das ganze Ding mit kleinen Muscheln bedeckt. Dafür hatte er fast eine Stunde gebraucht, und als er fertig war, blieb Callie eine weitere Stunde bewegungslos sitzen, damit alle Leute anhalten und »Oh« und »Ah« sagen konnten, weil sie nie zuvor eine so wunderschöne Meerjungfrau gesehen hatten. Nach einiger Zeit taten ihre Beine weh, aber sie beklagte sich nicht, weil Evan so schwer gearbeitet hatte. Und außerdem hatte sie sich noch nie in ihrem Leben so sehr wie eine richtige Meerjungfrau gefühlt, und sie zweifelte, ob sie sich je wieder so fühlen würde.

Nachdem Evan mit einem Glas Wasser zurückgekommen war, fragte Callie, ob sie bei ihm im Bett bleiben dürfe. Die phosphorgrünen Zahlen, die in der Dunkelheit leuchteten, gaben ihr ein Gefühl der Sicherheit.

Evan sagte: »In Ordnung.« Er sagte meistens in Ordnung, zu den meisten Dingen.

»Evan«, sagte Callie, nachdem sie ins Bett geschlüpft war, »hast du das Mädchen gesehen, das uns am Strand beobachtet hat?«

Evan antwortete mit müder Stimme: »Müssen wir unbedingt jetzt darüber reden, Callie? Ich möchte schlafen.«

»Weißt du, was ich glaube?« Und dann, bevor ihr Bruder sagen konnte, es sei ihm egal, was sie glaube, er wolle nur schlafen, sagte Callie flüsternd, als würde jemand draußen vor der Tür lauschen: »Ich glaube, sie ist eine Spionin.«

»Kinder können keine Spione sein«, murmelte Evan.

»Doch«, sagte Callie. »Harriet, die Spionin, ist eine Spionin.«

»Harriet, die Spionin, ist eine erfundene Figur. Schlaf jetzt.«

Callie senkte die Mundwinkel, als ob Evan sie sehen könnte, dann drehte sie sich mit dem Gesicht zur Uhr. Es war 3:14 Uhr. Schläfrig dachte sie, *drei plus eins ist vier*. Ihre Augen fielen zu. »Trotzdem sage ich, sie ist eine Spionin«, wiederholte sie mit leiser werdender Stimme.

Evan hörte es, aber er antwortete nicht. Er lauschte, wie ihre Atemzüge langsamer und tiefer wurden. Gleich würde sie schlafen und er war hellwach und sehnte sich danach, dass die Sommernacht ihn umfangen und sanft wieder in den Schlaf wiegen solle.

Er hörte im Kopf die Strophe dieses alten Songs von den Rolling Stones, die, die sein Vater immer in spöttischem Ton sang, wenn er oder Callie nach etwas Unmöglichem verlangten, wie morgens noch eine Viertelstunde länger schlafen an einem Schultag oder eine dritte Portion Eis, und die Worte verspotteten ihn jetzt, da alles, was er wollte, Schlaf war: *You can't always get what you want, no, you can't always get what you want.*

Seine Eltern hörten immer Rockmusik, *ihren* Rock. *Hip music* nannte es seine Mutter, sie sagte, es sei Musik, zu der man mit den Hüften tanzen könne, wenn man die Hände voll habe, und sie liebte es, die Musik zu hören, wenn sie Geschirr spülte. Bevor die Traurigkeit zwischen seinen Eltern entstanden war, war sein Vater manchmal hinter die Mutter getreten, hatte ihre Hände aus dem Seifenwasser genommen und dann hatten sie zusammen zur *Hip music* getanzt, und seine Mutter hatte sich beklagt, dass sie sein Hemd nass und seifig machen würde, und sein Vater sagte, er habe das gern.

Evan dachte daran, dass die Traurigkeit zwischen seinen Eltern nun schon eine Weile andauerte. Wenn man es nicht besser wusste, wenn man, angenommen, ein Gast zum Abendessen oder so etwas war, würde man nicht merken, dass sich etwas geändert hatte. Aber wenn man mit ihnen Tag für Tag in einem Haus lebte, so wie er und Callie, mussten einem die kleinen Unterschiede auffallen. Die geschlossenen Türen und die gedämpften Stimmen.

Die roten Augen. Die Art, wie beide Eltern erst überlegen mussten, bevor sie lächelten. Die Tatsache, dass sie vielleicht noch immer ihre Musik spielten, aber leiser, und dass sein Vater es nicht mehr mochte, dass sein Hemd nass und seifig wurde.
Evan konnte sich nur an eine einzige Zeit erinnern, in der es auch so gewesen war, nämlich als Callie im Krankenhaus gewesen war. Damals waren die Türen ebenfalls geschlossen gewesen, und die gedämpften Stimmen waren jedes Mal leiser geworden, wenn das Wort *Krebs* fiel (den Callie aber nicht hatte, wie sich schließlich herausstellte), und wenn die Türen aufgingen, gab es rote Augen und verzögertes Lächeln. Aber es gab einen Unterschied, damals waren seine Eltern auf derselben Seite gewesen. Evan dachte damals, dass sie versuchten, ihn vor ihren eigenen Ängsten zu schützen, und das gefiel ihm nicht, er war kein kleines Kind mehr, er war elf, und er hatte Angst, dass seine kleine Schwester sterben könnte, er brauchte keinen Schutz, er brauchte die Wahrheit, und außerdem brauchte er auch seine Eltern.
Evan setzte sich im Bett auf. Es war fast vier Uhr. Er lauschte auf die Grillen oder Zikaden oder was immer sie waren und ertappte sich dabei, dass er über das Mädchen nachdachte, das sie ausspioniert hatte, um Callies Worte zu gebrauchen. Er nannte sie die Beobachterin. Er wusste nicht, warum, aber etwas an ihr störte ihn. Sie sah aus, dachte er, als würde sie ihn ständig beurteilen. Als würde sie ihn

dauernd anschauen und denken, was für ein Feigling er war, weil er nie wegging und mit anderen Jungen rumhing, sondern an seiner Familie klebte wie Pech, und wahrscheinlich nahm sie an, seine Familie sei ganz wunderbar, während doch in jedem Moment die Traurigkeit seiner Eltern wie eine versteckte Bombe explodieren und sie trennen konnte. In ihrem Zimmer hatte Callie ein Foto von ihnen zu viert. Es war im letzten Sommer von irgendeinem Mann gemacht worden, der den Strand entlanggelaufen war, als sie ihn anhielten und um einen Gefallen baten. Evan erinnerte sich, wie witzig der Typ gewesen war, wie er sie alle zum Lachen gebracht hatte und wie das Foto, das dann entstanden war, mehr zeigte als die vier Menschen, die mit umeinander gelegten Armen dort standen. Es zeigte, was es ist, das eine Familie zu einer Familie macht: nicht Blut, noch nicht einmal Liebe, sondern der Glaube an sich selbst, als wäre es eine Religion. Als würde sie immer und ewig existieren.

Vor ein paar Monaten hatte Callie das Foto von seinem Platz auf dem Kaminsims genommen und auf ihren Nachttisch gestellt. Ihre Eltern hatten nie ein Wort darüber verloren. So wie sie nie etwas gesagt hatten, als Callie anfing, das Foto jeden Tag mit in die Schule zu nehmen. Als sie ihre Sachen für den Monat am Meer packten, war es selbstverständlich, dass dieses Foto in Callies Koffer gelegt würde, neben ihre Puppen und die Stofftiere, ohne die sie nicht leben konnte.

Zu Hause war Evan einmal in Callies Zimmer gegangen und hatte sie dort gefunden, mit dem Foto von ihnen zu viert in der linken Hand und einem anderen – das ihr Vater von der Mutter und den beiden Kindern gemacht hatte – in der rechten. »Davor und danach«, hatte sie gesagt.
»Vor was und nach was?«, hatte Evan gefragt.
Callie hatte ihn kühl angeschaut: »Vor und nach der Scheidung, Dummkopf.«
Evan wusste nicht, ob seine Eltern sich scheiden lassen würden. Er wusste nicht, was sie so traurig gemacht hatte. Er wusste nur, dass Callie jetzt in den meisten Nächten zu ihm kam, mit schlechten Träumen, und dass er dann manchmal Schwierigkeiten hatte, wieder einzuschlafen, und hier, in diesem Haus am Strand, lag er in einigen dieser Nächte wach und lauschte den Grillen oder Zikaden oder was immer sie waren, und manchmal hörte er eine Taube gurren, und die Geräusche, die seinen Kopf füllten, waren die traurigsten des ganzen Universums, und er sehnte sich danach, dass die Sommernacht ihn umfangen und sanft wieder in den Schlaf wiegen solle.
But you can't always get what you want.

Jeden Tag bat das Mädchen die Puppe, ihr Lied zu singen.
Geschmeichelt sagte die Puppe immer Ja.
War die Puppe erst einmal im Banne der Musik, stahl das Mädchen den Schlüssel aus ihrer Tasche, schlich sich an dem schnarchenden Biest vorbei und machte sich auf den Weg zu dem Königreich, das sie auf der anderen Seite der Insel entdeckt hatte.

An einem Nachmittag gelang es ihr, den Prinzen zu entdecken, wie er ein Buch las. Die Königin saß daneben, und obwohl es überall gewöhnliche Menschen gab, wurden der Prinz und seine Mutter in Ruhe gelassen.
Das Mädchen dachte: Er sieht einsam aus, auch wenn er ein Prinz ist.
Sie nahm ihren ganzen Mut zusammen und näherte sich dem Prinzen und sprach.
»Hallo«, sagte sie, »ich bin …
ich bin …
ich bin …
Miranda.«
Die Königin schaute zu dem Mädchen hoch. »Miranda«, sagte sie weich. Das Mädchen wunderte sich, warum sie so traurig klang.

»Ich bin Prinz Evario«, sagte der Junge. »Ich habe dich schon gesehen. Ich habe dich beobachtet.«
Das überraschte das Mädchen. »Wirklich?«, sagte sie.
Der Prinz nickte. »Ich habe gehofft, dass du kommst. Ich konnte nicht zu dir kommen, weil ich der Prinz bin. Das Protokoll, weißt du.«
Miranda nickte, obwohl sie es nicht verstand. Nicht wirklich.
»Aber nun, da du zu mir gekommen bist, können wir Freunde sein«, sagte der Prinz. »Möchtest du das?«
»Oh ja!«, rief Miranda.
»Ich auch«, sagte der Prinz.
Das Mädchen gab sich Mühe, ruhig zu bleiben, aber innerlich schrie sie vor Freude.

Einer dieser sehr gelben Kerle

Evan hasste Holden Caulfield. Er hasste ihn richtig. Vielleicht war er nur eine Figur in einem Buch, aber für Evan war er so real, einer von diesen Leuten, neben denen man zufällig im Flugzeug saß und die nicht aufhörten, von ihrem vollkommen uninteressanten Leben zu erzählen. Evan konnte absolut nicht verstehen, warum sein Vater ihm dieses Buch das ganze letzte Jahr lang immer wieder hingeschoben und darauf bestanden hatte, dass er es las. Dies sei eines der bedeutendsten Bücher des zwanzigsten Jahrhunderts, hatte er gesagt. Sein Vater war manchmal so.

Er hatte ohnehin beschlossen, es zu lesen. Es stand auf seiner Bücherliste in der Schule, deshalb dachte er, er könne es hinter sich bringen und zugleich seinen Vater loswerden. Zwei Fliegen mit einer Klappe. In einem schwachen Moment hatte er seinem Vater gegenüber zugegeben, dass er Holden leidenschaftlich hasste, und sein Vater hatte ihn mit einem dieser ernsten Blicke gemustert und gesagt: »Ich glaube, dass dieses Buch etwas tief in dir berührt, Evan.« Und er hatte gesagt: »Ja, klar, Dad.« Aber manchmal, tief in der Nacht, wenn er nicht schlafen konnte, fragte sich Evan, ob das, was sein Vater gesagt hatte, vielleicht stimmte.

An einem Freitagnachmittag war er am Strand und las das Buch, als jemand kam und »Hi« sagte und fragte, ob er Lust habe ein bisschen abzuhängen. Es war Shane, einer von denen, die Evan die »Jungen in Schwarz« nannte. Evan mochte es, Menschen zu kennzeichnen. Er dachte gern, dies sei das Produkt eines kreativen Gehirns, aber sein bester Freund im letzten Jahr, in der achten Klasse, kurz bevor er aufhörte, sein bester Freund zu sein, hatte zu ihm gesagt, er halte ihn grundsätzlich für einen Snob. Evan wusste genau, dass das nicht stimmte, obwohl er, sooft er dieses Gespräch auch im Geist wiederholte, sich nicht entscheiden konnte, was er, wenn schon kein Snob, wirklich war.

Die Jungen in Schwarz hatten schon in der ersten Woche, die er mit seiner Familie im Haus am Strand verbrachte, Evans Aufmerksamkeit auf sich gezogen. Es war fünf Uhr, und wie an jedem anderen Tag um fünf Uhr, nachdem die Rettungsschwimmer gepfiffen und mit den Armen gefuchtelt hatten, damit jeder wusste, dass sie jetzt mit der Arbeit aufhörten, rannten ganze Horden kleiner Kinder, Callie mit dabei, zu dem verlassenen Rettungsschwimmerstand, um hinaufzuklettern und sich dann in den hohen Sandhaufen vor dem Stand zu stürzen, wieder und immer wieder, bis sie zum Abendessen gerufen wurden.

»Schau doch, Evan!«, rief Callie. Evan schaute ihr zu, gleichzeitig ließ er auch den sich entfernenden Rettungsschwimmer namens Chris nicht aus den

Augen, den er insgeheim für den coolsten Jungen am Strand hielt. So wie er sich heimlich wünschte zu sein. Evan bewunderte Chris' Spiegelglassonnenbrille, er hatte sich vorgenommen, in den nächsten Tagen nach Fair Harbor hinüberzugehen und sich solch eine Brille zu kaufen. Die einzige Frage war, ob er es wagen würde, sie am Strand zu tragen, obwohl er nicht genau wusste, warum das überhaupt eine Frage war.

Evan sah sich selbst oben auf dem Rettungsschwimmerstand sitzen mit einer verspiegelten Sonnenbrille und einer Trillerpfeife, die er an einer Schnur um seinen Zeigefinger kreisen ließ, richtig cool sah er aus, während fünf Jungen in nassen Anzügen, glänzend und eng anliegend wie eine frische Farbschicht, an ihm vorbeirannten und ins Wasser sprangen. Dort stiegen sie auf ihre Surfbretter und ritten ungestüm über und durch die rollenden Wellen, einander zurufend wie schreiende Krähen. Alles an ihnen passte perfekt zusammen: ihre Körper, ihre Anzüge, ihre Surfbretter, das Wasser, ihre kodierten Zurufe. Evan wünschte so sehr, er wäre dort mit ihnen, er beneidete sie nicht um ihre Surfbretter, sondern um die Leichtigkeit ihres Umgangs mit sich selbst und miteinander.

Er hatte sie auch bei anderen Gelegenheiten gesehen, an anderen Plätzen. Manchmal war es nur einer von ihnen, der vor dem Supermarkt Eis aß, oder zwei, mit Angeln in den Händen, auf dem Weg zur Bucht. Doch meist sah er alle fünf zusammen, wie sie Schulter an Schulter über den Gehweg liefen, einen Basketball in ständiger Bewegung, in ihren hochmodischen Shorts und mit Fußkettchen und den verkehrt herum aufgesetzten Baseballmützen sahen sie aus wie eine Bande Huckleberry Finns aus der Werbung.

Zu Beginn des Urlaubs hatte seine Mutter ihn gedrängt: »Warum suchst du dir denn keine Freunde, Evan? Diese Jungen, du weißt, welche ich meine, sehen nett aus, oder?« Er hatte Gründe angeführt, Entschuldigungen, und schließlich nicht mehr auf seine Mutter geachtet, bis sie aufgab.

Und nun war er hier und hörte, wie jemand »Hi« sagte, er hob den Kopf und schaute diesen großen, muskulösen Jungen mit den langen, schmutzig blonden Haaren an, den er sofort als den erkannte, den die anderen Shane nannten.

»Ich hab dich da sitzen sehen«, sagte Shane, auf Evan hinuntergrinsend. »Warum sitzt du immer nur hier rum und liest?«

»Ich lese nicht immer.«

»Ich hab dich nie im Wasser gesehen.«

»Ich gehe ins Wasser. Vielleicht nicht gerade dann, wenn du hinschaust.«

Evans Wangen waren heiß. Er betete, dass seine Mutter, die ein paar Meter von ihm entfernt auf einem Handtuch lag, in ihre Musik oder in eines dieser Meditationsbänder, die sie zurzeit so gern hörte, so vertieft war, dass sie nicht auf diese Unterhaltung achtete.

»Wie heißt du?«, hörte er Shane fragen.
»Evan. Und du?«
»Shane«, sagte Shane gelangweilt. »Willst du mitkommen? Ich meine, ein bisschen abhängen?«
»Ich denke schon«, sagte Evan. Seine Augen waren in der Höhe von Shanes Knien. Ihm fiel auf, wie viele rosafarbene Narben und Schrammen die sonnengebräunten Beine des anderen Jungen bedeckten. Er stellte sich all die Stürze und Unfälle vor, die nötig waren, um so viele Narben zu verursachen, und fühlte sich tief beschämt bei dem Gedanken, dass sein Körper mit vierzehn so wenig Geschichte verriet.
»Wo sind die anderen, du weißt …« Evan hob den Blick und ließ seine Frage verklingen.
Shane zuckte mit den Schultern. »Josh und Eric mussten für ein paar Tage nach Hause. Brendan ist mit seinem Stiefvater zusammen, du lieber Himmel, der ist so ein Typ … ›Ich möchte unbedingt mit dir segeln, Brendan, diesmal keiner von deinen Freunden, okay?‹ Ich meine, so kann er echt Punkte machen bei Brendan, stimmt's?«
Evan nickte mitleidig.
»Na ja, Joel und ich, wir sind zusammen rumgezogen, aber dann musste er das Ding mit seiner Schwester machen. Überhaupt, wo ist eigentlich deine Schwester? Ich habe lange gedacht, du wärst so ein angestellter Babysitter oder so was, so wie du die ganze Zeit mit ihr zusammen warst und gespielt hast und so, du weißt schon.«

Verwirrt und geschmeichelt zugleich stotterte Evan: »Ich, sie ... sie ist bei einer Freundin, sie hat eine Freundin gefunden, sie ist zu Besuch bei ihrer Freundin.«

»Oh.« Ungeduldig fuhr sich Shane mit einer selbstgefälligen Geste über seine nackte Brust. »Und?«, sagte er.

»Klar«, sagte Evan und stand auf. Er drehte sich zu seiner Mutter um, deren zustimmendes Lächeln ihm zeigte, dass er weggehen dürfe und dass sie alles gehört hatte.

Als sie den Strand verließen, klappte das Mädchen auf der Treppe, die Evan »Beobachterin« nannte, schnell ein Buch zu, in das sie geschrieben hatte, und rannte davon.

»Dumme Pute«, murrte Shane verächtlich.

»Was?«

»Das Mädchen ist eine dumme Pute«, sagte Shane. Er drehte sich zu Evan um und hob die Augenbrauen.

»Vermutlich«, sagte Evan.

»Ganz zu schweigen davon, dass sie ein öffentliches Ärgernis ist, sitzt die ganze Zeit da und blockiert den Verkehr. Jemand sollte was wegen ihr unternehmen.«

Als sie den Strand hinter sich hatten, sagte Shane: »He, ich hab Hunger.« Und Evan wunderte sich über die verborgene Drohung in Shanes Worten. »Hast du auch Hunger?«

»Ich denke schon«, sagte Evan. »Klar.«

»Magst du Pizza? Drüben in Fair Harbor gibt's die *beste* Pizza. Wer mag schon keine Pizza, stimmt's? Willst du eine teilen?«

»Klar«, sagte Evan. Er überlegte langsam, warum sich Shane so plötzlich für ihn interessierte.

Als sie an einer langen Reihe aufs Geratewohl abgestellter Fahrräder vorbeikamen, fragte Shane: »Hast du ein Rad?«

Evan nickte und zog das verrostete, schmutzige Rad heraus, das er sofort für sich beansprucht hatte. Die meisten Häuser auf der Insel wurden inklusive Fahrräder vermietet; Autos waren verboten. Wenn man schnell irgendwohin wollte, waren Zweiräder die einzige Möglichkeit.

Die Fahrt nach Fair Harbor war kurz, weniger als fünf Minuten, wenn nicht allzu viele Spaziergänger oder Jogger die schmalen Fußwege verstopften. Weil es leichter war, hintereinander zu fahren, überließ Evan Shane die Führung, was ihm die Möglichkeit gab, zu überlegen, was hier passierte. Das Seltsame an der Sache war, dass er sich über die Jungs in Schwarz, solange er sie beobachtete, lustig gemacht hatte und sich zugleich gewünscht hatte, einer von ihnen zu sein. Als Shane gekommen war und ihn gefragt hatte, ob er mit ihm abhängen wolle, war es, als hätte ihn ein Filmstar eingeladen, bei seinem neuesten Film mitzumachen. Doch obwohl Evan sich auf diese Einladung gestürzt hatte wie ein hungriger Hund auf einen Knochen, war er nicht sicher, ob er Shane überhaupt *mochte*, und noch viel weniger, ob er mit ihm in einem Film sein wollte. Nur eines war sicher: Die ganze Situation machte ihn nervös.

Als sie näher zu Fair Harbor kamen, deutete Shane nach rechts. »Unser Haus ist weiter unten in dieser Straße«, rief er. »Das zweite vom Strand aus.«

Die Insel war an dieser Stelle so schmal, dass man leicht in der Mitte stehen und auf der einen Seite den Ozean und auf der anderen Seite die Bucht sehen konnte. Evan bemühte sich, das Haus auszumachen, in dem Shane wohnte, aber er wurde von der lauten Musik abgelenkt, die aus einem der anderen Häuser auf der Straßenseite Richtung Bucht drang. Er war sich ziemlich sicher, dass es eine Oper war, obwohl er nicht hätte sagen können, welche es war. Das Eigenartige war, dass man nie erwarten würde, solch eine Musik am Strand zu hören. Doch auf eine seltsame Weise passte sie. Zumindest für Evan. Sie erinnerte ihn an andere Inselgeräusche: die gurrenden Tauben mitten in der Nacht, die Zikaden, die klagenden Nebelhörner. Das waren einsame Geräusche. Und die Musik jetzt war auch ein einsames Geräusch.

Als er später zu Shane etwas darüber sagte, erzählte der, dass die Leute, die in jenem Haus lebten, vermutlich taub seien. »Im Ernst«, sagte er. »Sie haben die Musik schon so laut gespielt, dass die Polizei ein paarmal kommen musste, damit sie sie leiser stellen. Wenn du mich fragst, man *muss* sowieso taub sein, wenn man sich diesen Scheiß so laut anhört.

Das hört sich an wie ein Haufen Kater, denen man eins auf die Eier gibt. Wenn du mich fragst.«
Sie holten sich eine Pizza und gingen damit zum Ende des Fährhafens, und über Soda und Pizza tauschten sie »Daten« aus, wie Shane es nannte. Shane lebte in New York City; Evan etwas weiter nördlich in einer kleinen Stadt am Hudson River. Shane besuchte eine Privatschule, Evan die staatliche Schule. Beide würden im Herbst mit der Highschool anfangen. Shane hatte zwei Brüder, einer im College, einer frisch verheiratet. Evan hatte eine Schwester, die in die zweite Klasse ging.
Für Evan war das Interessanteste an Shane genau das, worüber dieser nicht sprechen wollte. Seine Eltern hatten sich kürzlich scheiden lassen. Als Teil der Abmachung hatte seine Mutter das Apartment am Central Park West und das Haus auf der Insel bekommen. Und sie hatte Shane bekommen.
Als Evan fragte: »Wie ist das denn?«, fragte Shane zurück: »Was soll wie sein?«
Und als Evan sagte: »Wenn man geschiedene Eltern hat?«, zuckte Shane mit den Schultern und sagte: »Einfach wie geschiedene Eltern.«
Damit war der Fall abgeschlossen.
Shane wechselte das Thema und kam auf Sport zu sprechen, was Evan nicht besonders interessierte, dann auf Mädchen. Genau genommen, auf Sex – ein Thema, das Shane begeisterte und Evan kribbelig machte. Meist hatte Evan nur eine vage Vorstellung von dem, über das Shane sprach, aber

er war zu verlegen, um es zuzugeben. Shane fand das schnell heraus.
»Du hast *es* also noch nie mit einem Mädchen gemacht?«, fragte er Evan, seine Augen warnten ihn, ja nicht zu lügen.
»Nicht so richtig«, sagte Evan.
Shane schnaubte. »Was soll das heißen, nicht so richtig? Entweder hat man es gemacht oder nicht. Du hast wahrscheinlich noch nicht mal ein Mädchen *geküsst*. Sag die Wahrheit.«
Evan fühlte, wie sich seine Kehle zusammenschnürte, seine Wangen brannten. Ein Bild blitzte in ihm auf, wie er Shane mit einem kräftigen Stoß in die Bucht warf. Er stellte sich vor, wie Shane mit dem Kopf an einen Felsen knallte und sich seine Lungen mit Wasser füllten und wie er, Evan, langsam davonging, um Hilfe zu holen.
»Nein«, hörte er sich sagen.
»Wow«, sagte Shane, »bestimmt hast du schon lang genug darüber nachgedacht.« Er stieß Evan leicht an den Arm. »Da ist nichts dabei. Großstadtjungen werden schneller erwachsen als Typen aus der Kleinstadt. Das ist bekannt.«
Shane wartete nicht auf Evans Antwort. Er stand auf und streckte sich träge; dann, mit einer anderen Stimme als vorher, sagte er: »He, hast du Taschen?«
Evan schaute zu ihm hoch. »Taschen?«
»Taschen. Du weißt schon, Taschen.«
»Ach so. Ja, ich habe Taschen.«

Shane lächelte. »Toll. Lass uns ein bisschen Spaß haben.«

»Aber was ...«

»Was brauchst du?

»Was ich brauche?«

»Oder: Was willst du? Mal sehen.« Shane bückte sich, hob die leere Pizzaschachtel mit einer Hand auf und machte Evan ein Zeichen, er solle die leeren Sodadosen nehmen. »Ich zum Beispiel könnte einen neuen Köder brauchen.«

»Oh«, sagte Evan. »Nun, ich hätte gern eine Sonnenbrille.«

»Sonnenbrillen«, sagte Shane. »Perfecto.«

Sie warfen ihren Abfall in die Tonne vor dem Supermarkt.

Shane drehte sich zu Evan, senkte seine Stimme fast zu einem Flüstern. »Zwei Regeln. Erstens, du musst nach dem fragen, was du willst. Dann, wenn du es genommen hast, musst du irgendwas sagen wie: ›Ich hab nichts gesehen, was mir gefällt.‹ Oder: ›Danke jedenfalls, vielleicht beim nächsten Mal‹. Kapiert?«

»Was meinst du mit *genommen*?«, fragte Evan.

»Was glaubst du, was ich meine?«

»Gestohlen?«

Shane schlug Evan auf die Schulter. »Genial«, sagte er. »Komm jetzt. Sonnenbrillen sind übrigens eine *prima* Idee, eine totale Herausforderung für den fortgeschrittenen Spieler. Sie sind genau vor der Kasse.«

Als Shane seine Hand wegnahm, sagte Evan: »Aber wir brauchen das nicht zu stehlen. Das Zeug kostet nicht viel. Übrigens, wir könnten es auf die Rechnung unserer Eltern setzen lassen. Ich verstehe nicht, warum ...«

Shane drehte sich ungeduldig um. »Hör zu, Idiot«, sagte er. »Wir *brauchen* gar nichts zu tun, verstanden? Das ist der Punkt. Die Sache ist, sich ein bisschen Unterhaltung zu verschaffen, verstanden? Also machst du mit oder was?«

Evan verabscheute sich selbst dafür, dass er seine Antwort im Voraus wusste, ohne dass er nachzudenken brauchte.

»Ich mache mit«, sagte er.

»Du bist mein *Mann*«, sagte Shane und streckte die Hand aus, damit Evan einschlagen konnte.

Im Laden waren nur eine Hand voll Kunden, als die Jungen eintraten. Zwei Mädchen, die irgendwelche Magazine durchblätterten, schauten Evan und Shane an, ob sie mehr als einen Blick wert waren. Eine Mutter mit einem Kind in einem Kinderwagen stand in der Eisenwarenabteilung.

»Hast du das schon mal getan?«, flüsterte Shane. »Macht nichts, ich will es gar nicht wissen. Pass nur auf, wo alle sind und wohin sie schauen. Und verhalte dich *nicht* verdächtig. Und schau mich *nicht* an, konzentriere dich auf das, was du tust. Wir haben übrigens Glück. Sieht aus, als wäre da nur eine Person, die arbeitet. Und die ist eine komplette Null.«

Ein Mädchen von ungefähr achtzehn putzte die Theke vorn im Laden. Ihre Hand war nur etwa einen halben Meter entfernt von dem Ständer mit den Sonnenbrillen.

»Vergiss die Regeln nicht«, hörte Evan Shane flüstern, bevor er dreist zu dem Mädchen ging und fragte: »Entschuldigung, haben Sie Angelköder?«

Die Augen des Mädchens verengten sich leicht, als sie Shane ansah. Evan fragte sich, ob sie ihn erkannte und erriet, was er vorhatte. Doch dann sagte sie so gleichgültig, wie sie irgendjemandem irgendeine Frage beantwortet hätte: »Ja, klar, dort hinten bei den Sportsachen hinter der Eisenwarenabteilung.«

Evan wusste, dass er jetzt dran war, aber wie sollte er nach Sonnenbrillen fragen, wenn sie ihm direkt in die Augen sah?

Das Mädchen drückte auf die Plastikflasche in ihrer rechten Hand, dann begann sie, die Theke abzuwischen.

»Brauchst du Hilfe?«, fragte sie und schaute dabei in Evans Richtung.

»Mmm, ja«, sagte Evan. »Sonnenbrillen sind … diese Sonnenbrillen da, sind das alle, die Sie haben?«

Das Mädchen sagte: »Das sind alle«, und fuhr fort zu putzen.

Evan trat vorsichtig näher, drehte sich erst um, als er die Mädchen bei den Magazinen flüstern hörte. Seine Handflächen tropften förmlich, sie waren plötzlich ganz verschwitzt.

Er drehte den Ständer und hoffte, er würde die Brille nicht finden, die er suchte. Denn warum sollte er schließlich eine stehlen, die er gar nicht haben wollte? Er konnte Shane einfach sagen ... was? Dass er es nicht tun konnte? Evan überlegte sich einen Plan. Er würde eine Sonnenbrille stehlen, irgendeine, je billiger, umso besser. Dann würde er irgendwann wieder herkommen, allein, und sie auf genau dieselbe Art, wie er sie genommen hatte, wieder zurücklegen, wenn niemand hinsah.

Nun, da sein Gewissen beruhigt war, brauchte er die Brille nur zu »leihen«, ohne dabei erwischt zu werden. Wieder drehte er den Ständer und entdeckte die Brille, die er wollte. Es sah aus, als wäre nur noch eine da.

Und wenn er sie nun nahm und einfach zu dem Mädchen sagte: »Bezahlen, bitte«, und hoffte, dass Shane es nicht hörte?

»Entschuldigung.« Evan und das Mädchen schauten beide zur Eisenwarenabteilung hinüber. »Können Sie mir helfen?«, fragte die Mutter mit dem Baby. »Ich finde nicht, was ich suche.«

Das Mädchen legte die Flasche und den Lappen auf die Theke und sagte zu Evan: »Ich bin gleich wieder da«, und ließ ihn mit den Sonnenbrillen allein. Schnell nahm er die Brille, setzte sie auf und betrachtete sich im Spiegel. Er sah älter aus, härter. Mehr wie Chris.

»Ich habe nicht gefunden, was ich suche. Danke jedenfalls.«

Evan drehte sich um, als er Shanes Stimme hörte, und beobachtete, wie er den Gang entlangschlenderte, an der Verkäuferin vorbei. Als er neben Evan war, klopfte er auf seine Tasche und zwinkerte.
Evan sah sich um. Niemand achtete auf ihn. Er wischte sich die Hände an der Hose ab, nahm die Brille ab, klappte sie zusammen und sagte sich selbst, dass er es tun konnte. Er *konnte* es tun. Er konnte sie in die Tasche stecken. Er konnte sogar zurückkommen und sie bezahlen. Shane brauchte diesen Teil nie zu erfahren. Er brauchte nur zu sehen, wie Evan aus dem Laden kam und auf seine Tasche klopfte.
Lautes Gelächter riss ihn aus seinen Überlegungen. Es war Chris, der mit seinen Freunden durch die Tür kam, und genau die gleiche Sonnenbrille aufhatte, die Evan in der Hand hielt. Chris schaute ihn direkt an, oder Evan dachte, er tue es, und das überraschte ihn so, dass er die Sonnenbrille unter einen Haufen Schutzbrillen und Nasenschützer legte, die in einer Schachtel auf dem Ladentisch standen. Er rannte aus dem Laden und erinnerte sich erst im letzten Moment, mit einer stockenden Stimme zurückzurufen: »Ich habe nicht gefunden, was ich gesucht habe.«
»Mein *Mann*!«, rief Shane, als sie um die Ecke gebogen waren, um ihre Fahrräder zu holen. »Zeig. Wo hast du sie?«
»Ich ... ich hatte sie in der Hand«, stotterte Evan, »aber ich konnte nicht ...«

Shane unterbrach ihn. »Vergiss es«, sagte er. »Hör zu, es ist fast halb sechs, ich muss die Fähre nach Saltaire erwischen.«
»Aber ich kann es erklären«, sagte Evan. »Ich war gerade dabei. Ehrlich. Hör, was passiert ist …«
Shane legte die Hand auf Evans Schulter, aber diesmal fühlte sich seine Berührung anders an, weniger kumpelhaft, eher nach einem Lehrer, der einen zur Seite zog, um ein ernsthaftes Gespräch zu führen. »Übertreib's nicht, ja? Es war nur ein Schnitzer. Mach keine Affäre draus. Ich muss jedenfalls die Fähre erwischen. Kommst du mit oder was?«
Evan nickte, stieg auf sein Rad und fuhr hinter Shane her. Auf dem ganzen Rückweg versuchte Evan, sich nicht selbst zu hassen, sich zu sagen, dass er das Richtige getan hatte, dass es Shane war, der sich nun wegen dem, was er getan hatte, schlecht fühlen müsste, nicht *er* für das, was er nicht getan hatte. Er stellte sich vor, wie er alles Mögliche sagen würde, aber an Shanes Reaktion würde das nichts ändern – an der herablassenden Art, mit der er ihm die Hand auf die Schulter legen würde, an dem Blick seiner Augen, der ihm sagen würde, dass er ein Versager sei.
Sie kamen gerade rechtzeitig für die Fähre um halb sechs. Shane warf nur einen kurzen Blick zurück, warf sein Rad hin und rief laut: »Da ist mein bester Mann! Da ist Josh!«
Evan sah einen Jungen vom Deck der Fähre winken. »He, Kumpel!«, hörte er ihn rufen. Dann hörte er:

»Evan!« Und für einen Moment stellte er sich vor, dass Josh, der ihn noch nicht mal kannte, seinen Namen rief.
Aber es war sein Vater, der ihn rief, sein Vater, der die Hand auf Evans Schulter legte, als sie zu ihrem Haus gingen, sein Vater, der sagte: »Was für eine Überraschung. Ich habe nicht gewusst, dass du mich an der Fähre abholst.«
Evan sagte: »Ich glaube, ich habe dich vermisst, Dad«, als Shane auf dem Fahrrad an ihnen vorbeifuhr, auf der Stange seinen besten Mann, Josh.
»Bis später, Shane!«, rief Evan mit einem Seitenblick zu seinem Vater.
Shane antwortete nicht, er hob nur kurz den Kopf, um zu zeigen, dass er es gehört hatte.
»Noch eine Überraschung«, sagte Evans Vater. »Du hast Freunde gefunden.«
»Ich nehme es an«, sagte Evan.
An diesem Abend, auf ihrer überdachten Veranda, während seine Mutter und seine Schwester Uno spielten und sein Vater sich durch ein Kreuzworträtsel arbeitete, nahm Evan den *Fänger im Roggen* und wollte noch einmal den Teil lesen, in dem Howard sich selbst einen Feigling nannte. »Einer von diesen sehr gelben Kerlen« hatte er es genannt, und diese Worte waren einer der wichtigsten Gründe, warum Evan Holden Caulfield hasste.
Er ist ein Verlierer, dachte Evan, schloss das Buch und schaute hinunter auf seine langen, flaumigen, narbenlosen Beine. *Ein totaler Verlierer.*

In den folgenden Tagen verbrachten das Mädchen und der Prinz viel Zeit zusammen. Sie liefen gerne den Strand entlang, sammelten Muscheln und unterhielten sich.
Miranda hielt den Prinzen für den perfektesten Begleiter, den sie sich vorstellen konnte. Sie traute sich nicht, es ihm zu sagen, doch dann überraschte er sie, als er sagte: »Du bist die beste Freundin, die ich je hatte, Miranda. Ich habe das Gefühl, wir würden uns schon immer kennen.«
»Vielleicht tun wir das«, antwortete Miranda.
Sie schauten sich verwundert in die Augen.

Das Mädchen bemerkte, dass der Prinz nie erzählte, wie er und seine Familie dazu gekommen waren, die Insel zu regieren. Er fragte auch nie, wo sie lebte und wohin sie am Ende jeden Tages ging. Sie war froh darüber, nie hätte sie ihm von dem Biest und der verzauberten Puppe erzählen können.

Die Prinzessin hieß Caliandra. Sie bewunderte das ältere Mädchen und sagte zu ihr: »Du bist die Schwester, die ich gerne hätte. Nicht dass mein Bruder nicht nett ist, aber zwischen Schwestern gibt es etwas ganz Besonderes, findest du nicht auch?«

Das Mädchen antwortete nicht, denn sie hatte nie eine Schwester gehabt. Doch in ihrem Herzen glaubte sie, dass das, was die Prinzessin gesagt hatte, wahr war, und fast hätte sie gesagt: »Ich wünschte, du wärst meine Schwester.«

Eines Tages, als Miranda Caliandra half, eine Sandburg zu bauen, fragte die Prinzessin: »Was ist das für ein Medaillon, das du um den Hals trägst?«

Miranda berührte das goldene Medaillon und fühlte, wie ihr Herz schwer wurde. »Es war das Geschenk zu meiner Geburt, von meiner Mutter«, sagte sie. »Ich habe sie vor langer Zeit verloren. Ich habe keinerlei Erinnerung an sie, nur dieses Medaillon.«

Caliandra ergriff das Medaillon mit ihren kleinen Fingern. Es war ein Herz oder eher der Teil eines Herzens, denn es sah aus, als hätte jemand das Herz in der Mitte auseinander gesägt und nur die Hälfte übrig gelassen. Es war seltsam anzuschauen, aber noch seltsamer war die Wahrheit, die der jungen Prinzessin nun dämmerte.

»Ich habe noch so ein Medaillon gesehen«, sagte Caliandra aufgeregt. »Vielleicht ist es die zweite Hälfte von deinem?«

»Wo denn?«, fragte Miranda.

Caliandra beugte sich vor und flüsterte in Mirandas Ohr: »Bei den Schätzen meiner Mutter.«

Ein perfekter Tag zum Fliegen

»Meine Eltern lassen sich scheiden«, sagte Callie, um die Größe der Worte einmal auszuprobieren. Sie fühlten sich ein bisschen locker an, aber es war nicht unmöglich, dass sie in sie hineinwachsen könnte.
Sarah schaute erschrocken über die Spitze der Sandburg, die sie und Callie bauten. »Wirklich?«, fragte sie ernst.
Callie nickte sachlich. »Ich werde mit meiner Mutter in unserem Haus bleiben«, sagte sie. »Mein Bruder Evan muss ausziehen und bei meinem Vater leben.«
»Sie werden euch trennen?« Sarah senkte ihre Schaufel und widmete ihre ganze Aufmerksamkeit diesem beunruhigenden Gedanken. »Das ist wirklich gemein. Es sei denn, denke ich mal, es sei denn, du *magst* deinen Bruder nicht, dann ist es in Ordnung, denke ich.«
»Oh, ich mag meinen Bruder sehr«, sagte Callie und kontrollierte mit einem schnellen Blick aus dem Augenwinkel, ob Sarahs Mutter, die in der Nähe unter einem Sonneschirm saß, zuhörte. Als sie sah, dass die Mutter damit beschäftigt war, Sarahs kleiner Schwester vorzulesen, wagte Callie fortzufahren.

»Es ist nicht gerecht, aber was kann man tun?«, sagte sie und zuckte mit den Schultern. »Wir sind nur Kinder, sie kümmern sich nicht um uns.«
»Aber sie sind eure Eltern«, sagte Sarah. Sie wippte mit den Hüften vor und zurück, mit nach außen gebogenen Füßen, die Arme um die Knie geschlungen. Callie lehnte sich über ihre halb vollendete Burg und schob Sarahs Brille, die ihr auf die Nase gerutscht war, zurück. Callie und Sarah waren nun seit drei Tagen Freundinnen. Sie hatten schon ihre Badeanzüge getauscht; sie waren an solche Vertraulichkeiten gewöhnt.
»Ich habe ja gesagt, es ist nicht gerecht«, sagte Callie, sie hörte sich ungeduldig an, ohne es zu sein. Sie war überrascht, wie schnell sie in ihre Geschichte hineinwuchs, wie die Worte ihr langsam passten.
»Aber *warum*?«, fragte Sarah. Sie schaute ebenfalls schnell zu ihrer Mutter hinüber, nicht um zu sehen, ob sie zuhörte, sondern um sich zu versichern, dass sie da war. »Warum lassen sie sich scheiden?«
Callie dachte nach. »Sie sind müde voneinander, denke ich. Kennst du das, wenn du eine Lieblingspuppe hast und denkst, du musst sterben, wenn du sie jemals verlierst?«
Sarah nickte; ihre Brille rutschte wieder nach unten.
»Aber dann bekommst du zu deinem Geburtstag oder zu sonst was eine neue Puppe.«
»Zu Weihnachten«, sagte Sarah.
»Zu Chanukka«, sagte Callie, denn das war ihr Fest. »Egal, jedenfalls ist die neue Puppe jetzt deine

Lieblingspuppe und die alte interessiert dich nicht mehr, du könntest sie sogar hergeben.«

»Ich könnte *nie* eine von meinen Puppen hergeben«, sagte Sarah leidenschaftlich. »Auch wenn sie nicht mehr meine Lieblingspuppe wäre. Ich könnte es einfach nicht.«

»Oh, ich weiß. Ich könnte es auch nicht. Aber nehmen wir mal an, du könntest es, gut? So ist es mit meinen Eltern, siehst du?« Callie schaufelte eine Hand voll Sand hoch. »Verstehst du?«

»Ich verstehe es *nicht*«, sagte Sarah. »Wie weißt du, dass die alte Puppe nicht wieder deine Lieblingspuppe wird? Ich meine, das weiß man doch nie, oder? So etwas passiert mir oft.« Sie nahm ihre Schaufel und begann wütend zu graben.

»He«, sagte Callie, »du machst mich mit Sand voll.«

»Tut mir Leid.«

Callie legte ihre Hand voll Sand auf den Haufen, den Sarah schaufelte, und sagte: »Du hast Glück, deine Eltern lassen sich nicht scheiden.«

Sarah sagte: »Ich kenne überhaupt *niemanden*, dessen Eltern sich scheiden lassen.«

»Du hast Glück«, sagte Callie.

»Wie viele Türme werden wir haben?«, fragte Sarah.

»Ich weiß nicht. Sieben?«

Sarah lächelte. »Das ist perfekt«, sagte sie. »Wie wir. Kapiert? Wir sind sieben Jahre alt: sieben Türme. Kapiert?«

»Ja«, sagte Callie glücklich. »Sieben: sieben.«

Sarah rannte und holte ihre beste Plastikform für Türme, die irgendwie in die Hände ihrer kleinen Schwester geraten war. Während Callie einen Sandwall glättete, schaute sie an ihrer Freundin vorbei zu dem Mädchen, das in einiger Entfernung auf den Holzstufen saß. Das Mädchen schien zu ihr herüberzuschauen, aber sie war so weit weg, dass Callie es nicht sicher sagen konnte.

»Hast du schon mal *Harriet, die Spionin* gelesen?«, fragte Callie, als Sarah zurückkam. Hinter Sarah her kam ihre Schwester Irene, die jetzt heulte und nach dem Sandspielzeug griff.

»Sarah, du darfst es ihr nicht einfach *wegnehmen*!«, rief Sarahs Mutter ihr zu.

»Ich will!«, verlangte Irene.

»Mein Dad hat es mir vorgelesen«, sagte Sarah und schob die kleinen, sandigen Hände ihrer Schwester zur Seite.

»Neiiin!«, kreischte Irene.

»Sarah!«

»Ich hab's ihr nicht einfach weggenommen!«, rief Sarah über ihre Schulter.

»Nun, das ist sie«, sagte Callie.

»Wer?«

»Harriet, die Spionin, das sage ich dir.«

»Wo?«

»Ich kann nicht hindeuten, sie beobachtet uns, aber wenn du dich ganz langsam umdrehst und tust, als würdest du etwas suchen, siehst du ein Mädchen auf den Stufen da drüben sitzen, und das ist Harriet, die Spionin.«

»Meiiins!«, brüllte Irene.

»Lass sie mit dir spielen«, rief Sarahs Mutter. »Sarah, *hörst* du mich?«

»Ja, tu ich!«, rief Sarah und warf Irene einen wütenden Blick zu.

Dann drehte sie sich um und schaute in die Richtung, die Callie ihr angegeben hatte. Sie legte eine Hand über die Augen. »Ich sehe nicht ... oh, *das* Mädchen dort? Sie ist die ganze Zeit da.«

»Nun, das ist Harriet, die Spionin.«

»Das meinst du nur.«

»Doch, wenn ich es dir sage«, sagte Callie mit einer solchen Sicherheit, dass es Sarah nicht einfiel, ihr zu widersprechen.

»Ich habe nicht gewusst, dass es sie wirklich gibt«, sagte Sarah und drückte Irene ein anderes Spielzeug in die Hand, was die Kleine gar nicht wollte. »Ich habe gedacht, die Geschichte wäre erfunden.«

Callie sagte: »Ist sie auch, aber nach einem richtigen Mädchen. Und das ist sie.«

»Wow«, sagte Sarah, beide Mädchen fingen an, einen Wall aufzuschütten, und Irene fand sich mit dem neuen Spielzeug ab, das sich als spannender erwies als die Turmform. »Das ist so cool. Ich wünschte, ich wäre wie sie. Du weißt: Leute ausspionieren und Sachen aufschreiben. Glaubst du, sie schaut den Leuten ins Fenster und so?«

»Natürlich«, sagte Callie. »Sie ist Harriet.«

Die Mädchen arbeiteten schweigend, bis Sarah leise sagte: »Ich frage mich, ob sie über *uns* schreibt.«
Callie schaute auf, ihre Augen trafen sich mit denen ihrer Freundin und beide Mädchen fingen an zu kichern.
»Warum lachen wir?«, fragte Sarah.
»Ich weiß nicht«, sagte Callie.
Sie machten sich wieder an die Arbeit und Callie stellte sich vor:
Da sind diese beiden Mädchen am Strand. Eine hat glatte rote Haare und eine Brille und eine kleine Schwester namens Irene. Die andere hat braune Haare und Sommersprossen wie ihre Mutter. Die mit den braunen Haaren und den Sommersprossen ist eine große Lügnerin, die sich Geschichten ausdenkt. Wie die, dass ihre Eltern sich scheiden lassen, wer weiß, ob es wirklich passiert, und dass ich Harriet, die Spionin, wäre, und dabei weiß doch jeder, dass das Buch erfunden ist, und ich bin ein richtiges Mädchen.
Plötzlich fragte sich Callie, wer dieses Mädchen wirklich war, wenn nicht Harriet, die Spionin. Doch es dauerte nicht lange, da verlangte die Anstrengung, die Burg zu bauen, ihre ganze Konzentration und das Mädchen dort drüben, das Evan die Beobachterin nannte, verblasste in Callies Vorstellung zum Geist eines Gedankens. Vorhanden, aber unsichtbar. Und nach einer Weile vergaß Callie sie ganz und gar, sodass das Mädchen zu einem Nichts wurde, nicht mal ein Geist, nicht mal vorhanden.

Als ihr Bruder und ihre Eltern am Strand ankamen, rannte Callie zu ihnen, wild darauf, ihnen die vollendete Sandburg zu zeigen.
»Wir haben den *ganzen* Morgen gearbeitet!«, verkündete sie.
»Wir *beide*!«, sagte Sarah. »Ich habe die Brücke gemacht.«
Callie zog an Evans Hand und sagte atemlos: »Wir können uns nicht entscheiden, ob wir es Schloss Saracal oder Schloss Callisar nennen sollen. Was meinst du, Evan?«
Evan schaute hinunter auf die begierigen Gesichter seiner Schwester und ihrer neuen Freundin, er sagte: »Das ist eine ganz schön wichtige Entscheidung.«
»Ist es«, stimmte Callie ernsthaft zu.
»*Ich* weiß was«, sagte Sarah. »Machen wir eine – wie nennt man das, wenn man einer Menge Leute dieselbe Frage stellt?«
»Eine Umfrage?«, fragte Evan.
»Es fängt mit einem S an«, sagte Sarah, den Kopf schüttelnd.
»Eine Statistik«, sagte Evan.
»Ja, eine Statistik, das meine ich.«
»Eine gute Idee«, sagte Callie. »Ich weiß was. Sammeln wir Muscheln und Steine. Dann nehmen wir zwei Eimer. Jeder, der Schloss Saracal will, legt einen Stein in den Eimer für Steine und jeder, der Schloss Callisar will, legt eine Muschel in den Muscheleimer.«

Angetrieben von ihrer eigenen Klugheit und der Bedeutung ihrer Aufgabe rannten die beiden Mädchen davon und ließen Evan stehen, der bei dem Gedanken, wie die Gehirne siebenjähriger Mädchen funktionierten, den Kopf schüttelte.
»Was sagst du?«, hörte er seinen Vater fragen. »Sollen wir das Ding in die Luft lassen? Es ist ein perfekter Tag zum Drachensteigenlassen.«
Evan drehte sich um. Sein Vater hielt den Drachen, den er vom »Festland« mitgebracht hatte, wie er es hartnäckig nannte. Es war ein schöner Drachen, keine Frage. Ein Delta-Drachen mit langen Silberstreifen, die von drei Punkten herunterflatterten. Auf der Oberseite war das Bild eines Fantasievogels in strahlenden Farben: in Türkis und Silber, Purpur und Orange und in einem strahlenden, strahlenden Gelb.
Wenn er in der Luft war, glich er keinem anderen Drachen am Himmel. Er schimmerte und schwebte auf und ab, und wenn das Silber die Sonne auffing, sah es aus, als würde er in winzige Flammen ausbrechen oder mit silbernen Schuhen tanzen.
Obwohl sein Vater den Drachen hatte steigen lassen, war es jetzt Evan, der die Spule in der Hand hielt. Es war Evan, der das Zerren des Windes spürte, wenn er etwas Leine zugab oder sie einzog.
»Los, jetzt ein bisschen mehr«, hörte er seinen Vater ein paar Schritte hinter sich anweisen.
»Ich *weiß*, was ich tue«, sagte Evan, obwohl er es nicht wirklich wusste. Zumindest sein Gehirn wuss-

te es nicht. Sein Körper allerdings schien genau zu wissen, was er tat. Er konnte sich nicht erinnern, sich jemals mit irgendetwas außerhalb seiner selbst so verbunden gefühlt zu haben. Es war, als wären der Drachen und er eins. Als wäre er es, der flog.

»Ich möchte auch mal«, hörte er Callie sagen.

»Noch eine Minute«, sagte er.

»*Bitte*«, bettelte Callie. »Das ist nicht gerecht.«

»Es ist nicht gerecht«, kam das Echo von Sarah. »Bitte, Evan!«

Er schaute hinunter, erst zu Sarah, dann zu seiner Schwester, die ein Glitzern in den Augen hatte, an dem er merkte, dass sie wusste, dass sie schon gewonnen hatte.

»Haltet die Schnur zusammen mit mir«, befahl er.

Als Callie und Sarah sich schubsten, um einen Platz neben Evan zu ergattern, und schließlich jede an einer Seite neben ihm stand, fühlte Evan, wie Irene sich an sein Bein drängte.

»Iiiiich!«, weinte sie.

Evan lachte. »Du auch?«

»Ich auch.«

»Nun, ich weiß nicht, kann mir vielleicht mal jemand ...«

Evan schaute zu seinen Eltern hinüber und stellte erstaunt fest, dass sein Vater den Arm um die Schulter seiner Mutter gelegt hatte und sie ihm gerade ihren Arm um die Taille legte. Sie lächelten ihm zu, leichthin, so wie sie immer gelächelt hatten, bevor sie darüber nachdenken mussten.

»Kann mir mal jemand Irene auf die Schultern setzen?«, fuhr Evan fort.

»Oh, lass mich«, sagte ihre Mutter. Sie kam angerannt und hob Irene hoch. Als Evan die weichen, sandigen Beinchen des Kindes um seinen Hals fühlte und ihre Arme, die sich fest um seinen Kopf legten, warf er einen Blick zu seinen Eltern hinüber und war erleichtert, dass sie die Arme nicht voneinander weggezogen hatten. Innerlich sagte er ein stilles, schnelles, ein unbewusstes Gebet und atmete aus, und erst da merkte er, dass er die Luft angehalten hatte.

»Oh, schaut nur, Kinder«, rief Sarahs Mutter überschwänglich. »Nicht bewegen, ich hole nur schnell meinen Fotoapparat, wenn ich nur …«

Sie rannte davon und wühlte in ihrer Strandtasche. Irene strampelte auf Evans Schultern, während Sarah maulte: »Meine Mutter macht eine Million Fotos.«

»Ich mag Fotos«, sagte Callie zu ihrer Freundin. »Ich habe gerne welche.«

»Ich auch«, sagte Sarah, »aber wer braucht eine Million?«

»Evan«, sagte Callie, »würdest du Sarahs Mutter bitten, ein Foto von Mommy und Daddy zu machen?«

»Du hast doch gesagt, dass deine Eltern sich scheiden lassen«, flüsterte Sarah Callie zu, laut genug, dass Evan es hörte. »Aber sie sehen nicht aus, als würden sie sich scheiden lassen.«

»Ich habe gesagt, sie *könnten* sich vielleicht scheiden lassen«, zischte Callie.
»Nicht wahr«, sagte Sarah. »Du hast gesagt …«
»Alle herschauen!«
Evan lächelte und kitzelte Irene an den Fußsohlen, damit sie lachte, als der Auslöser klickte.
»Noch mal! Nicht blinzeln! Und, Sarah, mach diesmal keine Hasenohren hinter Callie!«
Callie und Sarah pufften sich von ihren Plätzen neben Evans Beinen an und kicherten.
Als das zweite Foto gemacht war, hörte Evan, dass jemand seinen Namen rief. »Evan, he, Evan! Ein supertoller Drachen, Mann!«
Er drehte den Kopf in die Richtung, aus der die Stimme kam, und da waren die Jungen in Schwarz, sie standen am Wasser und sahen zu, wie er den Drachen steigen ließ. Seinen supertollen Drachen.
»Haltet fest! Lasst ihn jetzt nicht los!«, warnte er die Mädchen und nahm die Hand von der Spule, um Shane zuzuwinken.
Shane winkte zurück. Er schrie etwas, was Evan nicht verstand.
»Was?«, rief Evan.
»Schau nur, die dumme Pute!«, rief Shane erneut und gab Evan ein Zeichen. »Die dumme Pute!«
Unbeholfen drehte Evan den Kopf, um zu sehen, wohin Shane deutete. Dort, oben an der Treppe, wo sie normalerweise saß, stand die Beobachterin, die Arme weit ausgestreckt, den Rücken gebogen, den Kopf zum Himmel gehoben.

»Sie fliegt!«, rief Evan Shane zu.
»Sie ist verrückt!«, antwortete Shane.
Evan schüttelte den Kopf. »Sie fliegt«, wiederholte er, diesmal nicht so laut, denn er flog auch und er wollte nicht, dass Shane irgendjemandem die Freude verdarb. Weder ihm noch der Beobachterin.
Es ist ein perfekter Tag zum Fliegen, dachte er.
Er drückte den Fuß des kleinen Mädchens und sagte: »Stimmt's, Irene?«
Irene quietschte. Und Evan nahm es als: *Stimmt, Evan.*

Die Königin hielt ihr Medaillon neben das des Mädchens. Die beiden Hälften passten perfekt zusammen.

Die Königin begann zu weinen. »Wenn du sagst, dass dein Name Miranda ist, ich … ich habe nie zu hoffen gewagt … Miranda. Wir dachten, sie wäre als Baby ertrunken. Damals, bei dem Schiffbruch vor der Küste dieser Insel …«

Die Königin konnte das Weinen nicht mehr unterdrücken. Sie konnte nichts mehr sagen, der König sprach weiter.

»Ich habe meine beiden kleinen Kinder an der Brust gehalten, als ich versuchte, uns schwimmend in Sicherheit zu bringen«, erklärte er. »Aber es war eine stürmische See damals und eine plötzliche Welle riss mir eines der Kinder aus dem Arm. Ich wusste nicht, welches es war. Ich rief Evario! Miranda! Aber ich hörte kein Weinen, nur das Brausen der wütenden See, die darum kämpfte, mir auch das andere Kind zu entreißen.«

Miranda schaute Evario an. »Dann bist du …«

»Dein Bruder«, sagte Evario. »Dein Zwillingsbruder.«

Das Mädchen fiel in die Arme ihres lang verlorenen Bruders. Caliandra umarmte sie auch. »Jetzt habe

ich endlich eine Schwester«, sagte Caliandra. »Eine wirkliche Schwester.«
»Ja«, sagte Miranda. Und zu dem Prinzen sagte sie: »Und so ist es wahr, dass wir uns schon immer kennen.«

Leider war Mirandas Glück nur kurz.
Denn sie wusste, sie musste jeden Abend zum Biest zurückkehren. Seine Kräfte waren zu groß, zu mächtig,
zu magisch,
um ihnen zu widerstehen. Wenn es sie mit ihrer wahren Familie entdecken würde, würde es sie zerstören,
würde es alle zerstören.

Das geht niemanden was an

In der dritten Augustwoche drehte Gott das Thermostat höher. Chris nahm es persönlich: als Strafe für seine Sünden.

»Nie wieder«, murmelte er, »so wahr Gott mein Zeuge ist.«

»Ja, richtig«, sagte Jenny. »Ich würde Gott nicht ins Spiel bringen, wenn ich du wäre, Chris. Er könnte womöglich deine Freizeitaktivitäten unter die Lupe nehmen, wenn du mich fragst.«

»Nein, ich schwöre, Jenny, ich geh nie mehr zu solchen Partys. Es ist ... es ist krank, weißt du?«

»Oh, *ich* weiß es. Und du weißt es auch. Das Problem ist nur, dass du abends wieder im Stand deiner gesegneten Unwissenheit bist. Tabula rasa.«

Chris drehte sich langsam zu Jenny um. Er ertrug es nicht, wenn sie diesen Collegemist über ihm auskippte. »Was soll das heißen?«, fragte er.

»Neues Spiel«, sagte Jenny. »He, du magst ja meine Intelligenz hassen, aber nicht mehr, als ich deine Dummheit hasse.«

»Das ist ziemlich christlich von dir«, sagte Chris.

»Das habe ich nicht so gemeint. Ich hasse deine Dummheit, weil ich weiß, dass sie nur Theater ist. Ich meine, du hast viel mehr drauf ... Ach, egal. Tut mir Leid, dass ich was gesagt habe.«

Chris drehte sich wieder zum Ozean und spürte, wie sein Nacken dabei knackte.

»Ich bin nicht dumm«, sagte er.

»Das ist es ja, was ich sage.«

»Ja. Gut.«

»Egal«, sagte Jenny und bückte sich, um eine Flasche Wasser vom Boden aufzuheben. »Es geht mich nichts an, was du aus deinem Leben machst.«

»*Ain't nobody's business.*«

»Was?«

»Das geht niemanden was an. Das ist ein Lied.«

»Oh.«

»Ich weiß nicht mehr, wie es heißt«, sagte Chris. »Vielleicht gerade so. *Ain't nobody's business.*«

»Schön.«

»Übrigens, heute Abend gibt es eine Party bei Kelly und ihrer Mitbewohnerin, wie heißt sie gleich wieder? In Kismet. Gehst du hin?«

Jenny seufzte. »Ich nehme es an«, sagte sie. »Aber ich trinke nichts. Und du solltest auch nichts trinken. Schau dich an, was ist, wenn heute jemand in ernsthafte Schwierigkeiten kommt? Wirst du imstande sein zu ...«

»Willst du bitte den Mund halten, zum Teufel?«, schnauzte Chris. »Ich bin gerade nicht in der Verfassung für eine Unterrichtsstunde von Mutter Teresa, in Ordnung?«

»Fein.« Jenny nahm einen großen Schluck Wasser und murmelte etwas, was Chris nicht verstehen konnte.

Chris dachte: *So muss es sein, wenn man verheiratet ist. Man glaubt, man habe das Recht, einem anderen zu sagen, wie er sein Leben leben soll. Und vielleicht will die andere Person das gerade nicht hören, klar? Vielleicht müssen sie alles selbst herausbekommen. Scheiße. Warum habe ich das Gefühl, ich müsste mich entschuldigen? Wofür? Ich habe sie nicht nach ihrer Meinung gefragt. Und überhaupt war sie es, die mich dumm genannt hat. Habe ich Recht?*

Chris warf einen Blick auf seine Uhr. Elf Uhr dreißig. Der Strand war nicht allzu voll, was verwunderlich war bei diesem Wetter. Er schaute sich um nach den üblichen Gästen. Das Meerjungfrauenmädchen links von ihm war weggegangen, sie spielte mit ihrer rothaarigen Freundin. Die Kleine, die Schwester der Freundin, war in eine Decke gewickelt und schlief im Schatten des Sonnenschirms ihrer Mutter. Er beneidete sie. Sich in dieser heißen Sonne ausstrecken und schlafen, tief schlafen, ohne Sorgen. Wie hatte Jenny es genannt? Neues Dings. Tabula irgendwas.

Die beiden Mütter saßen dicht nebeneinander in ihren Liegestühlen und unterhielten sich angeregt. Der Junge, der Bruder der Meerjungfrau, hatte den Kopf leicht auf einen Ellenbogen gestützt, ein Buch in der Hand. Chris bemerkte, dass der Junge eine neue Sonnenbrille aufhatte, eine, wie er sie hatte. Er war nicht sicher, warum ihm das nicht passte, aber es war so.

Er fragte sich, wo der Vater war. Normalerweise trieb er sich auch hier herum, zumindest häufiger als die meisten anderen Väter, die freitags am späten Nachmittag auftauchten und sonntags verschwanden. Er dachte an das, was er damals zu Jenny gesagt hatte, dass alle Familien am Strand nett aussahen. Er wusste nicht, warum er so ein Zeug von sich gab, alles pseudo-sarkastisch, denn Tatsache war, dass diese Familie wirklich nett aussah. Sie machten immer etwas zusammen und dann fotografierten sie sich dabei. Nicht dass andere Familien das nicht taten, doch sie hatten etwas an sich – er wusste nicht, wie er es beschreiben sollte. Ihm fehlten die Worte dafür. Sie schrien sich nie gegenseitig an, war es das? Und der Bruder schien seine kleine Schwester richtig gern zu haben. Zum Beispiel als er diesen Drachen steigen ließ, die Art, wie er seine Schwester und ihre Freundin hatte helfen lassen und die ganz Kleine auf die Schultern genommen hatte. Das war wirklich etwas gewesen. Aber das war es auch nicht genau. Was war es bloß, was er herauszufinden versuchte?

Vielleicht, dachte Chris, *vielleicht bin ich dumm, vielleicht ist es doch kein Theater*.

»Ich weiß es nicht«, sagte Chris. »Die Hälfte der Zeit habe ich noch nicht mal Lust, zu diesen Partys zu gehen, weißt du?«

»Ich weiß, was du meinst«, sagte Jenny, ihre ausdruckslose Stimme ermutige Chris, weiterzusprechen.

»Es ist nicht so, ich bin nicht dumm, aber manchmal weiß ich einfach nicht, wo ich bin. Gut, das hört sich verrückt an, aber es ist so, wie diese Party letzte Nacht. Ich werde ein bisschen high, okay, und es gibt so viele Leute und so laute Musik und alle sind verschwitzt und betrunken und schreien mit allen, weil niemand dich hören kann, wenn du nicht schreist. Manchmal weißt du noch nicht mal, ob du es *selbst* bist, der schreit, oder wo du bist, weil jeder gleichzeitig tanzt und sich bewegt, alle zusammengedrängt und schreiend, und es ist wie ein großes … ein großes …«

Chris schwitzte. Er wischte sich die Stirn mit der Handfläche ab.

»Ein großes Tier«, sagte Jenny.

»Genau, das ist es, was ich meine. Es ist, als wärst du Teil eines großen Tiers und du bewegst dich weiter, schreist und trinkst weiter und tust, was immer du tust, weil das Tier es tut und man Teil davon ist. Und genau dann denkst du: Ich bin nicht dumm, aber manchmal habe ich kein Gehirn, weißt du? Ich bin nur Teil des Tiers und nicht der denkende Teil. Das ist es, was ich hasse, weißt du? Das ist es, was …«

Chris fing einen Tropfen Schweiß mit der Zunge auf. Der salzig-saure Geschmack weckte in ihm den Wunsch, sich irgendwo zusammenzurollen und lange zu schlafen.

»Du siehst schrecklich aus«, sagte Jenny. »Ich meine es so, du siehst wirklich fertig aus.«

»Ziemlich christlich oder …«

»Craig! Kannst du Chris ablösen? Es geht ihm nicht gut.«

»Vielleicht sollte ich mich wirklich hinlegen«, sagte Chris.

»Geh zum Haus«, riet Jenny.

»Ich kann mich unter die Zeltbahn legen. Ja, ich lege mich unter die Zeltbahn.«

»Nein«, sagte Jenny mit ernster Stimme. »Geh ins Haus und schlafe richtig. Wenn du dich in dieser Hitze hinlegst, fühlst du dich noch schlechter, wenn du aufstehst.«

Craigs Kopf erschien oben auf der Leiter. Er warf Chris einen Blick zu und sagte: »Gegen dich sieht Scheiße gut aus.«

»Sehr nett«, sagte Chris. Aber er brauchte keine weiteren Überredungskünste. Sein Kopf brachte ihn um. Er hatte schon vier Aspirintabletten oder sonst ein verdammtes Zeug genommen, einer seiner Hausgenossen hatte sie ihm gegeben, und er wusste, er sollte in den nächsten Stunden nichts mehr nehmen. Vielleicht würde ihm Schlaf helfen, vielleicht würde er Jenny und Craig einfach den Rest seiner Schicht übernehmen lassen und pennen. Den ganzen Nachmittag. Und heute Nacht würde er es ruhig angehen. Kein scharfes Zeug. Er würde sich nicht zum Teil des Tiers machen lassen.

Als er zu den Stufen hinüberging, die ihn vom Strand wegführen würden (der Sand brannte an seinen Fußsohlen), bemerkte er, dass das Mädchen ihn von ihrem üblichen Platz aus beobachtete. Sie schaute ihn direkt an, als käme es ihr nicht in den Sinn, dass er sie dort sitzen sehen konnte. Sie wandte den Blick nicht ab, bis Chris praktisch direkt vor ihr stand.

Und dann, er wusste nicht, was ihn dazu brachte, hielt er inne und sagte zu ihr: »Bist du in Ordnung?«

Er blickte auf ihren Kopf hinunter. Sie zog die Schultern hoch und legte den Kopf zur Seite, weg von Chris, als er den Fuß auf die unterste Stufe stellte. Sie war über das kleine Notizbuch gebeugt, in das sie immer schrieb, um es zu schützen, oder sich selbst, wer konnte das wissen.

»Ich meine es ernst«, sagte Chris sanft. »Bist du in Ordnung?«

Das Mädchen bewegte sich nicht. Chris bemerkte, dass sie eine Menge hässlicher Moskitostiche, rot und geschwollen, auf den Armen und Beinen hatte.

»Du solltest nicht daran kratzen«, sagte er. »Ich meine diese Stiche. Lass sie in Ruhe ausheilen.«

Sie sagte nichts. Er versuchte etwas anderes. »He, warum sitzt du die ganze Zeit da rum? Warum kommst du nicht runter zum Strand und hast ein bisschen Spaß? Kannst du schwimmen?«

Das Mädchen hob den Kopf leicht an. Chris wartete auf eine Antwort, doch plötzlich schickte ein heftiger Schmerz hinter seinen Augen eine Welle von Übelkeit durch seinen Körper. Er musste sich hinlegen.

»Ich muss gehen«, sagte er zu dem Mädchen, als würde er sie mitten in einem Satz unterbrechen. »Gut? Es geht dir gut?«
Noch immer kam keine Antwort. Chris zuckte mit den Schultern. Er hoffte, dass Jenny ihn nicht beobachtete. Sie sollte ja nicht glauben, dass er sich auf ihrem speziellen Terrain als Mutter Teresa oder so bewegte, das wäre das Letzte.
Er war schon fast am Fahrradständer, als er sich umdrehte. Er war nicht überrascht, dass das Mädchen über die Schulter zu ihm herschaute. Es waren ihre Augen, auf die er nicht vorbereitet war. Es war, als würden sie schreien, als würden sie verbrennen, als wäre jemand hinter ihnen, dort drinnen, und schreie danach, hinausgelassen zu werden. Chris dachte, er träume, vielleicht war er krank und stand da, inmitten von Menschen, die mit Handtüchern, Klappstühlen und Schwimmbrettern an ihm vorbeigingen, und träumte. Einen Traum von dem Mädchen, dessen Augen brannten, und mit jemandem, der schreiend hinter ihnen eingesperrt wäre.
»Mann«, sagte Chris und wischte sich den Schweiß ab, der ihm von der Stirn tropfte. »Mann, oh Mann.«
Er hatte an diesem Tag sein Fahrrad nicht dabei, er brauchte gute fünfzehn Minuten zu dem Haus, das er mit vier anderen Typen teilte. Zum Glück war niemand da, als er ankam, deshalb konnte er einfach ins Bett fallen und den Schmerz über sich zusammenschwappen lassen.

Schicksals Chris gegenüber, als hätten sie ein Wettrennen veranstaltet und Chris hätte auf immer und ewig verloren.

Craig steckte den Kopf durch die Tür. »He, Kumpel, wie fühlst du dich? Alles in Ordnung?«

Chris nickte angeschlagen. »Ich glaube, ich habe den Schlaf gebraucht.«

»Das ist die beste Medizin.«

»Ich dachte, das wäre Lachen.«

»Was?«

»Lachen. Du weißt schon, die beste Medizin.«

»Oh«, sagte Craig, »ja, ich nehme an, das stimmt auch. Also, gehst du bei Kelly vorbei, oder was?«

»Ich weiß es nicht«, sagte Chris. »Ich habe gedacht, ich könnte heute Abend vielleicht einfach zu Hause bleiben und ...«

»Wow, was ist das?«

Chris schaute hinüber, wo Todd an seiner Kommode stand und etwas aus seiner Brieftasche nahm.

»He«, sagte Chris, »nimm dir nur zehn, in Ordnung?«

»Kein Problem«, sagte Todd und steckte etwas ein, was wie ein Zwanziger aussah. »Aber was haben wir hier?«

Zwischen Daumen und Zeigefinger hielt er ein zusammengefaltetes, gelbliches Papier hoch. Chris schaute ihn erschrocken an.

»Steck das sofort zurück«, sagte er warnend.

»Oh, ich glaub, das ist ein Liebesbrief«, sagte Todd und schüttelte das Papier auf.

Chris machte einen Satz und Todd, der die Bewegung erwartet hatte, sprang ihm aus dem Weg und fing an, mit übertriebener Stimme zu lesen:
»›Mein lieber Junge‹.«
Craig, der einen Schritt vorwärts gemacht hatte, um Chris zu Hilfe zu kommen, hielt mitten in der Bewegung inne. »›Mein lieber Junge‹«, sagte er mit hochgezogenen Augenbrauen zu Chris. »Was ist das – ein Brief von deiner Englisch-Lehrerin aus der siebten Klasse? Was war das für eine Geschichte? War sie heiß auf deinen jungen Körper?«
»Halt's Maul, Craig!«, fauchte Chris. »Es ist mir Ernst, Todd, ich mache keinen Scheiß, gib mir den Brief oder …«
Todd las schnell weiter, laut, spöttisch: »›Ich liebe dich, mein lieber Junge. Sogar nach all diesen Jahren. Es tut mir Leid, dass ich diese Worte nie gesagt habe, aber ich hoffe, du weißt, dass sie in mir waren. Ich habe auf jede Art versucht, es dir zu zeigen. Wenn du jetzt nur hier wärst, ich würde es dir jeden Tag, jede Minute sagen, ich schwöre, ich würde es tun, oh, mein Junge …‹«
Craig, der getan hatte, als würde er eine unsichtbare Geige spielen, hörte auf, als er sah, wie Chris sich in einer Ecke des Zimmers auf den Boden sinken ließ und das Gesicht mit den Händen bedeckte. Er versuchte Todd zu signalisieren, er solle aufhören, aber Todd las dramatisch weiter, taub gegenüber der Bedeutung der Wörter, die ihm aus dem Mund kamen.

»›Mein Junge, mein Sohn. Wie konnte ich dich gehen lassen? Ich werde mir das nie vergeben, nie, und ich schwöre, ich will nie jemanden so lieben, wie ich dich geliebt habe. Ich weiß, du bist bei den Engeln und ich bin hier auf Erden, aber …‹«
Todd hielt inne. Er starrte das Papier an, sein Unterkiefer hing herunter.
»Scheiße«, sagte er leise.
Craig sagte: »Gib es ihm zurück, Todd. Los, gib's ihm. Gehen wir.«
»Aber was *ist* das?«, fragte Todd verwirrt.
»Was spielt das schon für eine Rolle«, fragte Craig. »Gib's einfach zurück, hörst du.«
Todd ging auf die Ecke zu, wo Chris kauerte, dann blieb er auf halbem Weg stehen und legte das Papier auf das Bett.
»Ist doch nichts passiert, Kumpel«, sagte er. »Ich hab doch nur ein bisschen Spaß gemacht, oder? Nichts passiert, nichts passiert. Okay? Wir holen dich später ab, ja?«
Chris zog sich in sich zusammen, er bewegte sich nicht. Er konnte fühlen, wie Craig durch das Zimmer kam, neben ihm stehen blieb, sich bückte. Er konnte Craigs Stimme hören: »Bist du in Ordnung, Kumpel?« Aber es war, als wäre er irgendwo anders, irgendwo tief in sich selbst, wo niemand ihn erreichen konnte.
»Gut, hör zu«, sagte Craig. »Ich hol dich später ab. Lass dir von Todd nichts anhaben, Mann, er ist ein Idiot, das weißt du doch.«

Eine Minute später fühlte Chris, wie Craig sich aufrichtete und durch das Zimmer ging.

»Komm, gehen wir«, hörte er ihn sagen.

Und dann Todds Stimme: »Nichts passiert, oder Kumpel? Du bist jetzt cool, Chris. Stimmt's? Sei cool.«

Die Haustür wurde zugeschlagen und die Zeit ging vorbei. Er hatte keine Idee, wie viel oder wie wenig. Nur Zeit, das war alles, eine längere Zeitspanne, die nichts für ihn bedeutete. Und dann – er hatte sie nicht hereinkommen hören – war Jenny da und saß auf dem Bett. Wartete. Anscheinend. Wartete darauf, dass er etwas sagte.

»Zufällig in der Nähe?«

»Ich habe Craig getroffen. Er hat mir erzählt, was passiert ist. Er hat gesagt, er hat nicht verstanden, um was es ging, aber ...«

»Es ist so, ich hatte diesen Bruder«, unterbrach sie Chris. »So was Ähnliches. Er starb, bevor ich geboren wurde. Ertrunken in einem Swimming-Pool. Mein Vater arbeitete auf einem Dach, er hat das Platschen nicht gehört. Ist zu spät hingekommen.«

»Du lieber Gott«, sagte Jenny. »Das tut mir so Leid, Chris.«

»Ist schon in Ordnung.« Seltsam. Wie ruhig sie sich unterhielten. Wie ihre Stimmen den Raum füllten. »Ich meine, ich habe ihn nicht kennen gelernt. Er ist ertrunken, bevor ich geboren wurde. Meine Leute haben dafür gesorgt, dass ich schwimmen lerne, praktisch sobald ich krabbeln konnte.«

Jenny sagte: »Es muss schrecklich für sie gewesen sein.«
»Sie haben kaum darüber gesprochen. Ich hielt es sehr lange für eine Geschichte, die ich mir ausgedacht hatte. Wenn ich daran denke, kommt es mir immer noch vor wie eine Geschichte in meinem Kopf. ›Es war einmal ein Zimmermann und er hatte einen Sohn.‹ Verstehst du, so etwas.«
Er schaute auf. Jenny nickte.
»Das erste Mal, als ich merkte, dass es etwas Wirkliches war, etwas wirklich Passiertes, war, als ich meinen Vater sagen hörte – er saß auf der Vordertreppe von unserem Haus und unterhielt sich mit seinem alten Schulfreund und sagte: ›Ich hätte für ihn da sein müssen, Tommy. Ich hätte auf ihn aufpassen müssen. Ich war sein Schutzengel.‹ Was für ein Haufen Mist.«
»Chris!«
»Na ja, ist es aber. Solche Engel gibt es nicht. Und sogar wenn es sie gäbe, wären sie nicht hier auf der Erde. Ich meine, wir sind einfach nur Menschen, oder? Wir können keine Wunder vollbringen.«
»Aber er war verantwortlich. Wahrscheinlich hat er sich sein ganzes Leben lang schuldig gefühlt.«
Chris dachte an das Papier, das neben Jennys Bein lag. Er dachte an die letzten Worte, die Worte, die Hot Toddy nicht laut gelesen hatte. *Ich weiß, du bist mit den Engeln und ich bin hier auf Erden, aber wir sind beide tot, mein lieber Junge. Mein Michael. Bitte …*

Chris war sicher, dass er wusste, was sein Vater weiter hatte schreiben wollen. *Vergib mir*. Er hatte es nicht ertragen, diese Worte zu sehen, oder war er zusammengebrochen, bevor er sie schreibenkonnte? Chris trug den Brief in seiner Brieftasche bei sich, seit er damals, er war in der sechsten Klasse, einmal seinen Vater betrunken am Küchentisch gefunden hatte, nachdem er mitten in der Nacht an einen Sohn geschrieben hatte, der dreizehn Jahre davor ertrunken war. Chris erinnerte sich nicht mehr, was er gefühlt hatte, als er über den bewusstlosen Körper seines Vaters geschaut und zum ersten Mal die Worte *Mein lieber Junge* gelesen hatte. Er wusste auch nicht mehr, was ihn dazu gebracht hatte, den Brief in die Tasche seines Bademantels zu stecken. Ab und zu fragte er sich, wie sein Vater darauf reagiert hatte, als er am nächsten Morgen erwachte und der Brief nicht mehr da war. Hatte er sich überhaupt daran erinnert, ihn geschrieben zu haben? Stellte er sich vor, die Engel hätten ihn höchstpersönlich dem kleinen Michael im Himmel übergeben, Michael, für immer vier, noch nicht ganz fünf, für immer der Lieblingssohn?

»Was für einen Unterschied macht es?«, sagte er, den Blick in der Höhe von Jennys Knien. »Es macht keinen Unterschied. Das arme Kind starb, das ist die harte, kalte Wahrheit. Deshalb hatte ich nie einen Bruder. Nicht wirklich. Alles, was ich von einem Vater habe, ist das, was übrig geblieben ist. He, shit happens. Ist es nicht das, was auf diesen

T-Shirts steht? Was bringt es schon, darüber zu sprechen?«
Jenny seufzte, sie hatte keine Antwort. »Was tust du jetzt?«, fragte sie. »Willst du, dass ich hier bleibe?«
Chris schüttelte den Kopf. »Ich möchte lieber allein sein«, sagte er. »Nimm's nicht persönlich.«
»Klar«, sagte Jenny. »Ich verstehe. Ich habe Craig vorhin zufällig getroffen. Und er hat mir erzählt ... Ich habe mir Sorgen gemacht. Hauptsache, du bist in Ordnung.«
Chris nickte. »Ich bin in Ordnung«, sagte er.
»Na gut, also dann«, sagte Jenny.
Nachdem sie verschwunden war, stand Chris auf und sah sein Bild im Spiegel über der Kommode. Was er sah, war dasselbe, was er in den Augen des Mädchens gesehen hatte, als er an diesem Tag den Strand verlassen hatte. Jemand war da drin und schrie, weil er rauswollte, und diesmal wusste Chris genau, dass er nicht träumte.
Später, nachdem er ein paar Bier getrunken hatte, um seine Nerven zu stabilisieren, ging er zu Kellys Haus in Kismet. Das Tier wartete. Er konnte hören, dass es seinen Namen rief.

»Miranda!«, rief Evario. »Wohin gehst du?«
Miranda blieb stehen und wartete, bis ihr Bruder, der Prinz, sie eingeholt hatte.
»Ich habe es dir doch gesagt«, sagte sie, als er bei ihr war. »Ich kann nicht bei euch im königlichen Palast schlafen. »Sie werden sich sonst Sorgen um mich machen.«
Ärger zeigte sich auf Evarios Gesicht. »Sie, sie«, sagte er ungeduldig. »Du sprichst immer über ›sie‹, aber du willst nie sagen, wer sie sind.«
»Es tut mir Leid, Evario«, sagte Miranda. »Ich wünschte, ich könnte es dir sagen, aber es ist ... es ist verboten.
Es tut mir Leid, Evario«, sagte Miranda. »Ich weiß, dass es wie eine Ungerechtigkeit klingt, aber vor vielen Jahren habe ich der Familie, die mich aufnahm, nachdem ich an den Strand gespült worden war, ein Versprechen gegeben. Ich versprach, ich würde immer bei ihnen bleiben. Sie sind arme Bauern, und es würde ihnen das Herz brechen, wenn ich sie verlassen müsste.«
»Aber du bist jetzt bei uns«, bat Evario. »Wir sind deine Familie.«
Miranda nickte ruhig. Wie könnte sie Evario je die Wahrheit sagen?

»Verzweifle nicht, lieber Bruder«, sagte Miranda endlich. »Ich werde einen Weg finden, es ihnen zu sagen. Irgendwann werde ich sie verlassen können.«
Dann ging Evario zurück, Miranda setzte sich auf den Boden und begann zu weinen. Ihr Elend war hoffnungslos. Wie würde sie sich je von dem Biest befreien können?
Und dann hörte sie eine Stimme fragen: »Kind, bist du in Ordnung?«
Miranda schaute auf. Der Engel stand vor ihr.
»Hab keine Angst vor mir«, sagte der Engel. »Ich werde dir nicht wehtun. Im Gegenteil, wenn du an mich glaubst, werde ich dir helfen. Glaubst du an mich?«
»Oh ja«, sagte Miranda. »Aber ich habe noch immer Angst.«
Der Engel kniete sich neben das Mädchen und nahm ihre Hand. Miranda stockte der Atem, sie fürchtete die Berührung des Engels. Doch da war kein Feuer, kein Schmerz. Zu ihrem Erstaunen war die Hand des Engels kühl wie das Meerwasser.
»Du kannst mich vielleicht nicht immer sehen«, sagte der Engel zu Miranda. »Aber ich werde immer neben dir sein. Wenn du mich brauchst, werde ich da sein.«

Eine gewöhnliche Muschel, zerbrochen

Evans Mutter weinte – leise, aber laut genug, um ihn nervös zu machen.

»Ich hätte das nicht sagen sollen«, sagte er. »Tut mir Leid.«

Aber sie schüttelte nur den Kopf und sagte: »Oh, Evan.«

Seit einer Stunde gingen sie den Strand entlang, sammelten Muscheln in einem von Callies Plastikeimern. Callie verbrachte den Tag bei Sarah und ihrer Familie. Evans Vater, der erschöpft aussah, hatte morgens die erste Fähre nach Hause genommen. »Etwas geschäftliches«, hatte er gesagt. Eine so durchsichtige Lüge hatte Evan erwartet und sie sofort verziehen, ohne eine Frage zu stellen.

»Mach einen Spaziergang mit mir«, hatte seine Mutter gesagt, als nur noch sie beide im Haus waren. Er war so erleichtert, dass sie ihn nicht drängte, hinauszugehen und sich Freunde zu suchen, dass er sofort zustimmte.

Während sie den Strand entlanggingen, beobachtete Evan seine Mutter aus dem Augenwinkel, zuerst, um zu sehen, wie es ihr ging, dann schaute er sie an, weil er sie gern anschaute. Das hatte er schon immer gern getan. Im Sommer war das Gesicht seiner Mutter mit Sommersprossen übersät, die von der Sonne hervorgelockt wurden. Als er fünf war, hatte er ihr Gesicht in seinen kleinen Händen gehalten und es einen Sommersprossengarten genannt. Ihr plötzliches Lachen hatte ihn so erschreckt, dass er in Tränen ausbrach. Als sie sah, dass sie ihn zum Weinen gebracht hatte, weinte sie auch. Und dann hatten sie, weil sie die ganze Situation wahnsinnig komisch fanden, zusammen gelacht, bis sie vor lauter Lachen wieder anfingen zu weinen. Das war Evans Lieblingserinnerung an seine Mutter, sie fiel ihm immer wieder ein, wenn er im Sommer ihr Gesicht betrachtete. Und dann liebte er sie mit einer Liebe, die schmerzte.

An diesem strahlenden Augusttag, als er mit seiner Mutter den Strand entlangging und sich an ihr Sommersprossengarten-Gesicht erinnerte und die vertraute schmerzhafte Liebe für sie empfand, spürte Evan zugleich einen plötzlichen Hass auf seinen Vater. Es war kein Hass, der dauern würde, trotzdem war er real und ging tief, und der Grund für seinen Hass war: Sein Vater hatte aufgehört, seine Mutter zu lieben, so wie Evan es tat, mit einer Liebe, die schmerzte.

Das war es wenigstens, was Evan glaubte, und das war es, was in seinem Kopf vorging, als er die Worte sagte, die sie zum Weinen brachten.

»Ich werde *nie* heiraten«, hatte er aus heiterem Himmel verkündet. »Eine Heirat sollte für immer sein und nichts ist für immer, warum sollte man sich dann die Mühe machen?«

Da war seine Mutter zu Boden gesunken, als hätte der Atem sie verlassen.
»Was ist los?«, sagte Evan und kauerte sich neben sie. »War das schlimm? War das schlimm, was ich gesagt habe?«
Seine Mutter antwortete eine lange Zeit nicht, außer mit ihren Tränen und mit einem Kopfschütteln und den Worten: »Oh, Evan.«
Sie waren nahe am Wasser. Eine Möwe, die, den Kopf unter dem Flügel, auf einem Bein ein Nickerchen machte, war ihre einzige Gesellschaft. Es war ein grauer Tag, und ein kühler Wind hielt die meisten Menschen ab, zum Strand zu kommen, er hatte seine Mutter dazu gebracht, sich einen Baumwollschal um die Schultern zu legen, bevor sie das Haus verließen. Der Schal stammte aus dem Laden des Metropolitan Museum of Art in New York. Evans Vater hatte ihm erlaubt, den Schal als Geburtstagsgeschenk für seine Mutter zu kaufen, obwohl er viel mehr kostete, als ein Kind für seine Eltern ausgeben konnte. Sie hatte ihn sofort umgelegt und trug ihn noch immer sehr häufig; Evan wusste, dass er zu ihren Lieblingsstücken gehörte. Nun zog sie ihn enger um sich, als bliese der Wind heftiger, als er es tatsächlich tat.
Sie schob die Hand in den Eimer, der zwischen ihnen stand, nahm eine Muschel heraus und hielt sie Evan hin. »Ich habe sie in diesem Sommer gesammelt«, sagte sie. »Weißt du, warum?«
Evan schüttelte den Kopf.

»Erinnerst du dich an letztes Jahr? Wie sehr ich mir perfekte Seeigel gewünscht habe, ja?«

Evan nickte. Er dachte an all die Seeigel zu Hause, im Korb im Badezimmer seiner Eltern, an die Stunden, die Callie und er verbracht hatten, sie für ihre Mutter zu suchen, den Stolz und die Aufregung, die er empfunden hatte, wenn es ihnen gelungen war, ihr einen großen, gut erhaltenen zu präsentieren. Plötzlich fiel Evan ein, wie seine Mutter ihnen an jedem ersten Tag der Ferien einen Wunsch genannt hatte – letztes Jahr Seeigel, das Jahr davor Meerschnecken und noch ein Jahr davor Seeschwämme. Doch in diesem Jahr hatte sie ihnen keinen Auftrag gegeben. Und jetzt lag in ihrer Handfläche eine einfache Schneckenmuschel, noch dazu eine zerbrochene.

»Wozu willst du sie haben?«, fragte Evan. »Sie ist nicht perfekt.«

»Genau«, sagte seine Mutter. »Deshalb wollte ich sie – *weil* sie nicht perfekt ist. Weil sie zerbrochen ist, aber noch immer schön. Findest du nicht auch?«

»Nicht wirklich«, sagte Evan.

Seine Mutter lächelte. »Wenn man jung ist, will man nichts, was nicht perfekt ist. Man glaubt, etwas stimme nicht damit.«

»So wie Callie nichts essen will, das irgendeinen braunen Flecken hat«, sagte Evan.

»Du warst genauso«, sagte seine Mutter.

»Bestimmt nicht.«

»Natürlich. Wir waren alle so. Wir haben am Anfang alle gedacht, es gäbe etwas Perfektes und es wäre falsch von uns, uns mit weniger zufrieden zu geben. Erst wollten wir nichts mit braunen Flecken essen. Dann hassten wir uns, weil wir unsere eigenen braunen Flecken hatten – Pickel oder zu große Ohren oder zu dünne Beine.«
Seine Mutter schien mehr zu sich selbst zu sprechen als zu ihm. Evan wurde von Minute zu Minute nervöser.
»Und wenn wir uns die Zukunft vorstellen, kommen die Bilder in unseren Köpfen aus Zeitschriften oder Filmen. Hübsche Zimmer und eine perfekte Familie und eine Art Glück, das glänzt wie einer dieser Fußböden, der gerade von der glücklichen Hausfrau gewachst wurde und deren Glanz sie bewundert. Und sogar wenn wir erwachsen sind, können wir uns nicht von der Idee befreien, dass Perfektion etwas wäre, das uns, ich weiß nicht, zusteht, irgendwie.«
Evans Mutter schwieg. Die Möwe hob den Kopf und starrte die beiden Menschen an, die sich in ihrer Nähe niedergekauert hatten. Sie blickte sie erstaunt an, gähnte und enthüllte einen Schnabel voller Federn.
Evan lachte. »Ein dummer Vogel«, sagte er. »Er weiß sicher noch nicht mal, dass er diese Federn im Mund hat.«
»Es ist ihm egal«, sagte Evans Mutter, ebenfalls lachend. »Das ist der Unterschied.«

Sie drehte die Muschel in ihrer Hand herum. »Jedenfalls«, sagte sie, »es geht darum: Dein Vater und ich haben in der letzten Zeit viel durchgemacht. Es tut mir Leid, ich kann dir nicht sagen, worum es geht.«
»Das ist nicht gerade fair«, widersprach Evan.
»So ist es nun mal, Evan. Fair oder nicht. Es ist etwas zwischen uns. Erwachsenenkram. Es tut mir Leid, aber so ist es. Jedenfalls gab es einen Punkt, was war der Punkt? Ach ja, die Muschel. Der Punkt ist, dass etwas, was ich für perfekt gehalten habe, zerbrochen ist, und ich muss nun die Schönheit in dem finden, was da ist, statt in dem, von dem ich *dachte*, es wäre da. Wie diese Muschel. Ich kann meine Zeit entweder damit verbringen, mir zu wünschen, sie wäre perfekt, und mir vorzustellen, wie sie hätte sein können, oder ich kann sehen, wie schön sie gerade so ist, wie sie ist. Und sie *ist* schön. Wenigstens für mich. Für meine Augen.«
»Ich verstehe es nicht«, sagte Evan.
»Nein. Ich nehme an, es ergibt keinen Sinn, wenn man dreizehn ist. Alles, was ich wirklich möchte, ist: Du sollst verstehen, dass Daddy und ich uns noch immer lieben und dass wir uns *nicht* scheiden lassen, in Ordnung?«
»Wer hat etwas über Scheidung gesagt? Und ich bin vierzehn, vergiss das nicht.«
»Ich möchte nur nicht, dass du das Gefühl hast, nichts sei für immer«, fuhr Evans Mutter fort, »oder dass du nicht heiraten solltest. Nicht unsret-

wegen. Mit uns wird alles in Ordnung sein, hörst du?«

Evan nahm einen kleinen, flachen Stein und versuchte, ihn gegen die Wellen zu werfen, was, wie er wusste, sogar als er den Stein warf, ein ziemlich hoffnungsloses Unterfangen war. »Wirst du es Callie sagen?«, fragte er. »Sie macht sich Sorgen. Sie hat jede Nacht schlimme Träume. Sie kommt in mein Zimmer.«

»Warum kommt sie nicht zu mir?«, fragte Evans Mutter.

Evan gab ihr keine Antwort, er wusste nicht, was er sagen sollte.

Als sie sich auf den Rückweg machten, nahm Evan die Hand seiner Mutter. Zum ersten Mal fiel ihm auf, wie klein sie im Vergleich zu seiner war, und diese Beobachtung erfreute ihn und machte ihn zugleich unendlich traurig.

Vor ihnen, oben auf der Treppe, die vom Strand wegführte, saß die Beobachterin, mit dem Gesicht in ihre Richtung.

»Das Mädchen da ist so einsam«, sagte Evans Mutter. »Ich wundere mich immer über sie, du nicht auch?«

Evan zuckte mit den Schultern. »Nicht wirklich.«

»Oh.« Er konnte ihre Enttäuschung hören. »Wie kannst du dich nicht über jemanden wundern, der jeden Tag am Strand zubringt, mit vielen Menschen, und selbst in seiner eigenen Welt versunken ist? Worüber denkt sie die ganze Zeit nach?«

»Sie denkt, sie ist besser als alle anderen, das wird es sein«, sagte Evan.
»Nein«, sagte seine Mutter und drückte fest seine Hand. »Ich kann nicht sagen, worüber sie *wirklich* nachdenkt, aber ich *kann* dir sagen, dass sie sich nicht für besser hält als alle anderen. Du brauchst sie doch nur anzuschauen, Liebling. Schau sie an, was siehst du?«
»Ich weiß es nicht«, sagte Evan. »Einfach ein Mädchen. Was siehst du?«
»Eine zerbrochene Muschel«, sagte seine Mutter.
Als sie näher kamen, senkte das Mädchen den Kopf, die Haare fielen über ihr Gesicht wie ein Vorhang.

Ermutigt durch das Versprechen des Engels, immer bei ihr zu sein, entwickelte Miranda einen Plan. Sie wollte die Krone des Königs stehlen und sie dem Biest anbieten, als Tausch gegen ihre Freiheit. Obwohl sie den Gedanken nicht mochte, ihren eigenen Vater zu bestehlen, ihren richtigen Vater, war sie sicher, er würde sie verstehen, wenn sie es ihm, nachdem sie frei war, erzählen könnte.

Das Biest war gierig. Natürlich wäre es beschwichtigt durch glitzerndes Gold und bunte Edelsteine. Miranda hatte keine Ahnung, dass der Prinz und die Königin, während sie ihren Plan entwickelte, ebenfalls dabei waren, etwas zu planen.

Während sie am Strand entlangliefen, instruierte die Königin ihren Sohn.
»Du musst ihr folgen, Evario. Die arme Miranda verbirgt ein Geheimnis vor uns, und wir müssen wissen, was es ist.«
»Aber Mutter«, sagte der Prinz, »und was ist, wenn sie in Gefahr ist?«
»Mach dir keine Sorgen«, sagte die Königin, »der Engel wacht über sie. Und was dich betrifft, mein Sohn …«

Die Königin nahm den Umhang ab, den sie über den Schultern trug. »Dieses Zaubergewand wird dich schützen. Trage es, und dir wird kein Leid geschehen.«

… und Margaret

Inmitten.

Das Wort weckte ihre Aufmerksamkeit, wie Wörter es mit jenen tun, die sie lieben, und hielt sie gefangen. Es war nicht das Wort allein, sondern die Tatsache, dass sie es *gedacht* hatte, es in einem Satz in ihren eigenen, privaten Gedanken *benutzt* hatte, die sie so faszinierte, dass sie dasaß, unfähig, sich zu bewegen.

Hier bin ich inmitten ihrer Besitztümer.

Es war so literarisch, so altmodisch, dieses Wort. Wie in aller Welt hatte es einen Platz in ihrem Kopf gefunden?

Dummes Mädchen, sagte sie zu sich, *dein Kopf ist der perfekte Platz für Wörter, die sonst keiner benutzt.*

Dein Kopf, dachte sie, *ist ein Waisenhaus für Wörter.*

Nicht weit von dem Platz, an dem sie saß, klingelte ein Telefon und ließ sie aufspringen. Sie schaute zurück auf die Vertiefung, die ihr Körper am Bettrand zurückgelassen hatte.

Wie in dem Märchen von Goldlöckchen und den drei Bären, dachte sie, als das Telefon weiter klingelte, und sie stand da, erstarrt, und wartete, dass jemand auftauchen würde, um den Hörer aufzu-

nehmen und zu gleicher Zeit entdeckte, dass ein Eindringling im Haus war.
Sie war der Eindringling.
Was tue ich hier?
Endlich hörte das Telefon auf zu klingeln.
Sie schaute sich um. Sie stand in einem fremden Schlafzimmer in einem fremden Haus *inmitten* ihrer Besitztümer.
Noch nie im Leben hatte sie etwas Ähnliches getan.
Ich tue so etwas Schreckliches nicht, sagte sie zu sich. *Ich schaue mich nur um.*
Ich schaue mich nur ein bisschen um, danke. Sie stellte sich vor, wie sie das sagen würde, wenn jemand hereinkäme und sie vorfände. *Ich schaue mich nur ein bisschen um, danke.* Als wäre sie in einem Geschäft, um sich unverbindlich Sachen anzuschauen.
Aber sie war in keinem Laden, sie war im Haus von jemand anderem.
Noch nie hatte sie so etwas getan.
Was tue ich hier?, fragte sie sich.
Die Häuser auf der Insel waren selten verschlossen. Die Leute gingen zum Strand; die Häuser waren leer, offen.
Es sei erstaunlich, sagten die Leute oft, wie wenig Diebstähle es gebe.
Oh, es kam gelegentlich etwas weg, zum Beispiel ein paar Dollars, die auf dem Küchentisch zurückgelassen worden waren. Aber nichts anderes. Fast nie.

Ich bin nicht hergekommen, um etwas zu nehmen, dachte sie. *Ich schaue mich nur um. Ich möchte mir nur was angucken …*
Sie hob den Schal auf, den sie die Mutter hatte tragen sehen, gestern, am Strand. Er lag am Fuß des Bettes, ein paar Zentimeter von der Vertiefung entfernt, die sie mit ihrem eigenen Po gemacht hatte.
Po, Fuß, Zentimeter, dachte sie.
Sie hielt den Schal vor sich in die Höhe. *Nur ein bisschen gucken.*
Sie brachte ihn zu ihrem Gesicht, atmete den zarten Duft nach Wind und Salz und Mutter ein.
Sie wickelte ihn um ihre Schultern, während sie im Zimmer herumging, schauend, berührend.
Eine Lesebrille.
Nasenspray.
Eine Haarbürste.
Sie nahm ein paar Haare aus den Borsten und betrachtete sie auf ihrer Handfläche. Sie waren rötlich braun. Haare der Mutter.
Kastanienbraune Locken.
Ein Baumwollkleid, über einen Stuhl geworfen.
Baumwolle.
Stapel von Büchern auf dem Boden neben dem Bett. Sie beugte sich, hob sie der Reihe nach hoch, vorsichtig, um sich zu merken, in genau welchem Winkel sie zu dem darunter liegenden gelegen hatten, damit niemand merkte, dass jemand sie berührt hatte. Dass Goldlöckchen da gewesen war.

Wieder klingelte das Telefon.
»Oh!«, rief sie aus, wie die Figur in einem Stück. Wer musste so dringend telefonieren, zweimal in fünf Minuten? Zweimal in fünf Minuten war viel für ein Strandhaus an einem Augustnachmittag. Es war wichtig, es musste sich um einen Notfall handeln.
Sie hatte die verrückte Vorstellung, es sei ihre Mutter, die anrief, um sie zu fragen, was sie dort tat. Oder ihr Vater, der wissen wollte, warum sie nie mit ihnen zum Strand ging, wo sie sich jeden Tag allein herumtreibe, wenn er wüsste, was sie gerade tat, dass sie sich im Haus anderer Menschen bewegte ...
Nun, junge Dame, das werden wir ja sehen.
Aber ich habe das noch nie gemacht. Ich weiß nicht, was mich dazu gebracht hat, ich musste mich einfach umschauen. Ich war neugierig. Da war diese Familie am Strand und ich musste mich einfach umschauen.
Was musstest du sehen, junge Dame, wenn du mir die Frage erlaubst, was musstest du dir anschauen?
Sie nahm den Hörer auf.
»Karen?«
Am anderen Ende war die Stimme eines Mannes.
»Karen? Hallo? Callie, Evan?«
Es war nicht die Stimme ihres Vaters. Die Stimme eines Mannes, aber nicht ihres Vaters. Natürlich nicht. Woher hätte er wissen können, dass sie hier war?

Schnell hängte sie den Hörer ein.
Was habe ich getan?, dachte sie. *Sie werden wissen, dass jemand im Haus war.*
Sie musste weg. Schnell, bevor sie entdeckt wurde. Aber was war mit dem oberen Stock? Sie musste die Kinderzimmer sehen, das Zimmer des Jungen, seiner Schwester. Ihre Zimmer waren oben. Sie musste sie sehen. Aber was würde sie tun, wenn jemand hereinkam? Wenn jemand sie hier fand, was würde sie sagen?
Ich musste dringend das Badezimmer benutzen. Es tut mir Leid, ich weiß, ich sollte nicht hier sein, aber mir war schlecht. Ich musste zu einem Badezimmer, bevor …
Ja.
Und wenn es sein musste: Das Telefon hat geklingelt. Ich habe nicht nachgedacht. Ich habe es aufgenommen. Ich war nicht ganz bei Sinnen, ich sagte nichts. Es tut mir Leid. Bitte sagen Sie meinen Eltern nicht, dass ich hier war. Ich musste dringend zu einem Badezimmer. Mir war schlecht. Und dann hat das Telefon geklingelt.
Sie stand nun in Callies Zimmer. Sie erinnerte sich nicht, die Stufen hinaufgestiegen zu sein, und hielt ein Foto in der Hand. Sie setzte sich nicht aufs Bett. Sie wollte keine Spuren hinterlassen.
Hatte sie eigentlich daran gedacht, die Vertiefung im Bett der Eltern glatt zu streichen? Es gab so viele Dinge, an die sie denken musste. Sie hatte noch nie so etwas getan.

Und was hatte sie dazu gebracht, den Telefonhörer aufzunehmen?

Aber es spielte keine Rolle. Nichts spielte eine Rolle. Nur das Foto war wichtig. Es war der Grund, weshalb sie hier war. Sie hatte es vorher nicht gewusst, warum sie gekommen war, aber jetzt …

Das ist meine Familie. Ich habe das Foto aufgenommen, deshalb bin ich nicht drauf. Wir waren am Strand. Wir lieben den Strand. Wir fahren jeden Sommer hin und mieten uns für einen ganzen Monat ein Haus. Das ist mein Dad. Er ist ein Künstler. Er ist berühmt, vielleicht hast du schon von ihm gehört, falls du dich mit Künstlern auskennst. Meine Mutter ist schön, nicht wahr? Früher war sie eine Tänzerin. Ballett. Aber als sie Kinder bekam, uns, als sie uns bekam, hörte sie auf. Sie sagt, sie bedauert es nicht, kein bisschen. Sie ist gerne Mutter. Sie sagt, es ist der beste Beruf von der Welt und Männer tun ihr Leid, weil es etwas gibt, was sie nicht tun können, und das ist der beste Beruf, den es gibt.

Das ist mein Bruder Evan. Er ist wirklich nett. Wir sind immer gut miteinander ausgekommen, sogar als wir klein waren. Er hat mir Schwimmen beigebracht. Und wir gehen zusammen schnorcheln. Kannst du schnorcheln? Evan und ich tun es. Unsere Eltern sind mit uns zu den karibischen Inseln gefahren, damit Evan und ich schnorcheln konnten. Wir haben die schönsten Fische gesehen. Farben, die man sich nicht vorstellen kann. Evan und ich sind mit Delfinen geschwommen.

Und das ist Callie. Ist sie nicht süß? Sie mag es sehr, wenn Evan und ich eine Meerjungfrau aus ihr machen. Im Sommer, in dem dieses Foto aufgenommen wurde, brachte ich ihr bei, wie man einen Drachen steigen lässt. Callie und ich backen gern zusammen. Jedes Jahr am Valentinstag backen wir einen Kuchen für unsere Eltern. In Herzform, und wir dekorieren ihn mit Zuckerguss. Rosa und mit weißen Rosen. Und mit den Worten: »Wir lieben euch.« Callie und Evan und ich, wir …

Das Telefon klingelte zum dritten Mal. Sie rannte die Treppe hinunter, aus dem Haus. Als sie über die Terrasse lief, nahm sie den Drachen, den der Junge und seine Schwester einmal fliegen gelassen hatten, sie hatte es gesehen.

Erst später dachte sie, was für ein verrücktes Ding zum Wegnehmen. Zum Glück hatte sie niemand mit dem Drachen gesehen. Nun würde er versteckt im Abstellplatz unter der Veranda bleiben müssen. Für immer.

In ihrem Zimmer faltete sie den Schal der Mutter ordentlich zusammen und legte ihn mit dem Bilderrahmen zwischen die Matratze und die Sprungfedern ihres Bettes.

In dieser Nacht, als sie ziemlich sicher war, dass ihre Eltern schliefen, nahm sie das Foto aus dem Rahmen. Auf der Rückseite stand:

Saltaire. Karen, Jeffrey, Evan, Callie.

Als Datum war der August des vergangenen Jahres angegeben.

Sie machte sich sofort ans Werk. Alles, was sie brauchte, war da, sie hatte es unter ihrem Bettüberwurf versteckt: die Taschenlampe, die sie aus der Küchenschublade geklaut hatte, eine Schere, Klebeband. Und der Schnappschuss von ihr selbst, den sie aus der Brieftasche ihrer Mutter genommen hatte, als diese am späten Nachmittag spazieren gegangen war. Es wäre hübscher, wenn sie auf dem Bild lächeln würde, aber sie konnte sich nicht daran erinnern, dass sie in der letzten Zeit je in eine Kamera gelächelt hätte. Sogar auf ihren Schulfotos sah sie ziemlich grimmig aus.

Wenigstens war das kein Schulfoto. Ein Schulfoto hätte niemals gepasst. Zum Glück trug sie auf dem Schnappschuss ein T-Shirt. Ein Badeanzug wäre noch besser gewesen, aber ein T-Shirt passte auch ganz gut.

Vorsichtig, leise (sie hatte daran gedacht, vorher etwas Öl in die Schere zu tropfen, damit sie nicht quietschte) begann sie, den Hintergrund wegzuschneiden, bis sie sich selbst in der Hand hielt. Nur sich selbst.

Nur ich, allein, nichts um mich herum, noch nicht mal Luft.

Sie legte ihr ausgeschnittenes Bild zur Seite und nahm das andere Foto, steckte die schärfste Spitze der Schere – die eine endete schmaler als die andere – in einen Punkt direkt hinter Evans linker Schulter. Und über seine Schulter bewegte sich die Schere um die Kurve seines Nackens …

Hoch, hoch. Vorsichtig, schneide nicht in seinen Kopf. So. Und um seinen Kopf, pass auf das Ohr auf, schneide sein Ohr nicht ab. Vincent van Gogh, dachte sie. *Den Nacken hinunter, um die Schulter, den Arm entlang, jetzt zu Callie, um ihre Schultern, vorsichtig, jetzt langsam, bis zur Mitte ihres Kopfes, stopp.*
Sie wusste genau, wie viel sie wo wegschneiden musste. Sie nahm das Bild von sich selbst und steckte es in die Stelle, die sie auf dem Familienfoto ausgeschnitten hatte. Es passte perfekt. So perfekt wie ich selbst, dachte sie.
Ein Stück des Klebebands über den Rücken, eines hinter ihren Kopf, und als sie das Bild jetzt auf Armlänge vor sich hielt und die Augen leicht zusammenkniff, nur ein bisschen …
Nicht viel, nur ein bisschen …
Sie sah aus, als würde sie wirklich dazugehören. Als wäre sie schon immer Teil dieses Fotos gewesen.
Das ist meine Familie. Das sind wir, ich, mein Bruder Evan und meine Schwester Callie. Alle sagen, dass Callie und ich uns ähnlich sehen, aber ich denke, sie sagen das nur, weil wir beide unserer Mutter ähnlich sehen. Findest du nicht auch? Findest du nicht auch, dass wir beide wie unsere Mutter aussehen?
Bevor sie das Foto in den Rahmen zurücksteckte, wo das Glas ihr Werk noch mehr vertuschen und eine fast perfekte Illusion hervorrufen würde, bevor sie es wieder unter die Matratze schieben würde,

zusammen mit der Taschenlampe, der Schere und dem Klebeband, dem ordentlich gefalteten Schal, musste sie nur noch eines tun.

... *und Margaret*, schrieb sie auf die Rückseite des Fotos, sodass nun Folgendes zu lesen war:

Saltaire. Karen, Jeffrey, Evan, Callie und Margaret

Wie froh Miranda war! Ihr Plan funktionierte! Das Biest akzeptierte die Krone des Königs im Tausch gegen ihre Freiheit!
»Nun werden wir immer zusammen sein«, sagte das Mädchen zu ihrer Familie, nachdem sie sich ihre Geschichte angehört hatten.
»Meine arme Tochter«, sagte die Königin und wischte sich die Tränen aus dem Gesicht. »Zu denken, dass du die ganze Zeit als Gefangene eines grausamen Biestes gehalten wurdest. Warum hast du nicht zugelassen, dass wir dir helfen zu fliehen?«
»Das Biest ist zu stark«, sagte das Mädchen. »Ich hatte Angst, er würde euch etwas antun.«
»Ich habe eines Abends versucht, dir zu folgen«, sagte Evario, »aber du warst zu schnell. Ich konnte nicht Schritt halten.«
»Das spielt jetzt keine Rolle mehr«, sagte Miranda strahlend. »Denn jetzt sind wir endlich zusammen. Und nichts wird uns ...

Oh Gott, das Biest. Das Biest. Ich hasse das Biest!
Es hat meine ...
Mirandas Familie getötet.
Es kam in der Nacht und schlachtete alle ab!
Und nahm Miranda wieder gefangen!

Und sagte ihr, wenn sie je wieder versuchen würde zu fliehen, würde er sie ebenfalls töten! Er würde ihr ein Glied nach dem anderen abreißen, so wie er ihre Familie zerrissen hatte! Es gibt keine größere Macht als die des Biests!
Engel,
wo bist du?

Die Mitte kann nicht bestehen

Es fiel alles auseinander.
So empfand es Evan.
Die ganze Welt wurde verrückt, oder vielleicht war es gerade nur sein eigenes kleines Stück der Welt, er konnte es nicht sagen. Er wusste nur, dass alles sich anders anfühlte, auf den Kopf gestellt.
Da war diese Zeile aus einem Gedicht, das er in der achten Klasse gelesen hatte: »Dinge fallen auseinander; die Mitte kann nicht bestehen.« Nachdem er diese Worte einmal gehört hatte, konnte er sie nicht mehr aus dem Kopf bekommen, und er wusste auch, warum. Am Wochenende, nachdem sie das Gedicht in der Schule durchgenommen hatten, waren er und Callie zu ihrer Tante und ihrem Onkel in Connecticut geschickt worden. Als sie am späten Sonntagabend zurückkamen, hatten sich ihre Eltern verändert. Es war der Anfang der geschlossenen Türen und der langen Schweigezeiten gewesen. Dinge fallen auseinander.
Es war elf Uhr. Er war allein zum Strand hinuntergegangen, weil Callie noch immer schlief und ihre Mutter sie nicht allein im Haus lassen wollte. Callie hatte in der Nacht zuvor kaum geschlafen. Sie könne ohne das Foto nicht schlafen, hatte sie gesagt. Ihre Mutter hielt sie auf dem Schoß und strei-

chelte ihre Haare und sagte, es sei doch nur ein Schnappschuss gewesen, vermutlich hätten sie ja das Negativ zu Hause; sie versicherte ihr, dass sie noch immer eine Familie habe, es würde keine Scheidung geben. Und Callie hatte unter Tränen gesagt: »Ich glaube dir fast.«

Aber mitten in der Nacht war Callie zu Evan gekommen. »Ich hatte einen schlimmen Traum. Es war das Haus, in dem diese traurige Musik gespielt wurde. Letzte Woche, erinnerst du dich? Als du und ich und Sarah mit dem Fahrrad gefahren sind?«

»Ja.«

»Nun, ich war in jenem Haus. Ich meine, nicht wirklich, weil ich gar nicht weiß, wie es innendrin aussieht, ich bin nie wirklich drin gewesen, aber du weißt, wie im Traum alles irgendwie sinnvoll ist.«

Evan bestätigte, dass er es wusste. »Ich war also in dem Haus und es war dunkel und diese traurige Musik spielte, als wäre jemand gestorben, und ich war ganz allein dort und ich ging durch alle Türen und konnte niemanden finden. Und ich bekam immer mehr Angst. Und dann war da eine letzte Tür. Und das Singen – erinnerst du dich, es war eine Frau, die gesungen hat –, nun, das Singen kam von hinter jener Tür. Ich machte sie auf, und gerade, als ich das tat, verwandelte es sich in ein Weinen. Dann bin ich aufgewacht.«

Als Evan endlich wieder einschlief, irgendwann nach vier, konnte er an Callies Atemzügen hören, dass sie noch wach war. Er erinnerte sich, sie sagen zu hören (oder vielleicht hatte er es auch geträumt): »Evan, weißt du, was ich mir wünsche?« Aber er erinnerte sich nicht mehr, was sie weiter gesagt hatte. Sie musste irgendwann in ihr eigenes Bett zurückgekehrt sein, denn als er morgens aufwachte, war er allein.

»Mein Schal fehlt auch«, sagte seine Mutter, statt ihm Guten Morgen zu sagen, als er sie auf der Terrasse fand, eine Kaffeetasse in der Hand.

»Hast du den Drachen weggeräumt?«, fragte er. Am Tag zuvor hatte er ihn an den Schaukelstuhl gelehnt.

»Nein«, sagte sie. Und dann: »Ich glaube, wir sollten die Polizei rufen.«

Evan war überzeugt zu wissen, wer der Dieb war. »Ich werde mich darum kümmern«, sagte er zu seiner Mutter. *Ich werde nicht einer dieser gelben Kerle sein.* Und aus irgendeinem Grund war sie einverstanden, die Sache ihm zu überlassen.

Evan hatte erwartet, Shane am Strand zu treffen, aber er war froh, dass er nicht da war. Das ließ ihm Zeit, darüber nachzudenken, was er sagen würde.

Gib die Sachen zurück, Shane. Du hast deinen Spaß gehabt, dein Vergnügen. Jetzt gib das Zeug zurück! Oder ich werde … ich werde dir das Gesicht zertrümmern. Ich werde dir wehtun, Shane, ich schwöre es. Es ist mir egal, wenn du stärker bist als ich oder wenn du deine blöde Gang dabeihast. Ich lasse nicht zu, dass du meiner Schwester oder meiner Mutter wehtust. Du kannst ihnen ihre Sachen

nicht wegnehmen. Aus dem Drachen mache ich mir nichts, aber die anderen Sachen musst du zurückgeben. Los, tu's. Tu's gleich, Shane, oder …
Evan schaute zum zehnten Mal an diesem Morgen hinüber zum Rettungsschwimmerposten. Chris war noch nicht da. Evan brauchte seine Anwesenheit.
He, Chris, bring mir bei, ein Held zu sein.
Aber Chris war nicht da. Auch die Beobachterin nicht.
Wo waren sie?
Waren alle krank?
He, Chris!
He, Beobachterin!
He, Dad!
Auch sein Vater war nicht da, er war nach Hause gefahren, ohne zu sagen, wann er zurückkäme, obwohl der Urlaub nur noch eine Woche dauerte. Evans Mutter sagte immer weiter, alles würde gut werden, sie würden einander lieben, es sei eine Erwachsenenangelegenheit, es tue ihr Leid, sie könne ihm nicht sagen, um was es gehe, es würde keine Scheidung geben, alles würde gut werden.
»Ich glaube dir fast«, hatte Callie gesagt.
Shane hatte ihre Sachen gestohlen, er war in ihr Haus gekommen und hatte ihre Sachen gestohlen, er hatte sogar den Telefonhörer abgenommen, als sein Vater anrief.
Verrückt.
He, Shane …
Was würde er *wirklich* zu Shane sagen?

Bei dem Gedanken daran wurde ihm schlecht. Er stellte sich Shane vor, umringt von seiner Gang. Die Jungen in Schwarz. Für ihn sahen sie aus wie aus einem Film. Das Problem war nur, dass Evan kein Boxer war, kein Karatekämpfer, kein guter Revolverheld, der mit einer Hand die Bösen erledigte.
Er würde zu Shanes Haus gehen. Vielleicht hatte er Glück und Shane war allein. Es wäre leichter, wenn nur sie beide da wären. Shane hatte das Zeug wahrscheinlich zu Hause. Egal, er würde es ihm geben.
»Keine große Sache«, würde Shane sagen. »Es war nur zum Spaß, Mann. Reg dich ab.«
Evan betrachtete den Rettungsschwimmerposten. Jenny saß oben, neben einem Typ, der nicht Chris war. Evan musste mit Chris sprechen. Chris würde wissen, was zu tun wäre.
Plötzlich befand er sich unten vor dem Posten, er schaute nicht direkt hoch zu den Rettungsschwimmern, aber es war auch nicht so, dass er *nicht* hochschaute. »Entschuldigung«, sagte er.
»Ja, bitte?« Das war Jennys Stimme. »Hast du was gesagt?«
Evan hob den Kopf. »Ich frage mich, ob du weißt, wo dieser andere Rettungsschwimmer ist, du weißt schon, der, mit dem du normalerweise arbeitest.«
»Chris?«
»Ich nehme es an.« Evan hasste es, *ich nehme es an* zu sagen, wenn er genau wusste, wovon er sprach. Es war wie damals, als er Shane nach seinem Namen gefragt hatte, den er doch schon wusste.

»Chris ist weg«, sagte Jenny.
»Wo ist er?«, fragte Evan, er wollte nicht verstehen, was Jenny ihm sagte.
Jenny sagte: »Er ist weg. Heim.«
»Heim?«, wiederholte Evan.
»Brauchst du etwas?«, fragte der andere Rettungsschwimmer.
»Nein.«
»Musst du mit Chris sprechen?«, fragte Jenny.
»Nein. Ich meine, eigentlich schon, aber es ist gut. Es ist in Ordnung.«
Evan wollte weggehen, als Jennys Stimme ihn zurückhielt.
»Er ist vielleicht noch da«, rief sie. »Ich glaube, er hat gesagt, dass er die Fähre um eins nehmen will. Wenn es wichtig ist …«
Evan drehte sich zu ihr um. Sein Gesicht musste ihr die Antwort gegeben haben, denn ohne darauf zu warten, dass er etwas sagte, fuhr sie fort: »Sein Haus ist am Neptun«, erklärte sie, »das zweite von der Bucht aus.«

Etwas Wirkliches, kein Wunder

»Ma, schrei nicht so laut, hör bitte auf, ja? Ich hab's dir schon gesagt, sie brauchen mich hier nicht mehr … Was? … Ich hab's dir gesagt. Die Saison geht zu Ende … Nein, ich bin kein Drückeberger. Seit wann bin ich ein Drückeberger?«

Chris saß auf dem Rand seines abgezogenen Betts, ließ die Beine auf den Fußballen auf- und abhüpfen und wunderte sich, was zum Teufel ihn geritten hatte, zu Hause anzurufen. Vermutlich hatte es sein müssen; er hatte sonst keinen Ort, zu dem er fahren könnte, und er hatte sich vorgestellt, es sei besser, sie vorzuwarnen als plötzlich aufzutauchen. Jetzt war er nicht so sicher.

»Hör zu, fang nicht wieder mit diesem Scheiß vom College an, ja? … Was? … Oh, jetzt krieg ich was auf den Deckel, weil ich Scheiß gesagt hab, lass mich in Ruhe … – Was? … Ich weiß nicht … – Was ich gesagt habe. Ich weiß nicht, ob ich nach Kalifornien gehe. Ich brauche ein bisschen Zeit … Nein, ich werde nicht einfach nur rumhängen. Glaubst du nicht, dass ich mein eigenes Leben haben möchte? Ich will auf keinen Fall mit Dad arbeiten … He, hör zu, er will genauso wenig mit mir arbeiten wie ich mit ihm. Du weißt, was er zu mir gesagt hat, als ich … – Warte, warte, unterbrich mich nicht, ich sage dir was ... Du weißt, was er zu mir gesagt hat, als ich ihm bei der Delaney-Sache helfen wollte? Er hat gesagt, ich hätte zwei linke Hände. Nett, was? Habe ich das verdient? ... Oh, fang jetzt nicht an, ihn zu verteidigen, ja? Erspar mir das, ja?«

In der Küche ging eine Schaltuhr los.

»Ich muss aufhören«, sagte Chris ins Telefon. »Ich seh dich zum Abendessen ... Nein, ich renne nicht vor unserem Gespräch davon. Wo hast du diesen Mist aufgeschnappt? Du siehst dir zu viele Talkshows an ... Ich muss mein Mittagessen aus dem Herd holen, ja? ... Ja, ich kann kochen. Ich kann für mich selbst sorgen. ... Ja, klar, es ist Gefrierkost, was kümmerst du dich darum? Hör zu, ich muss jetzt los ... Ja, klar, ich liebe dich auch. Ich werde gegen sechs zu Hause sein ... Was? ... Ja, natürlich kannst du es Dad sagen, warum auch nicht? Ihm ist es doch sowieso egal, er kümmert sich doch keinen Scheiß ... Ja, ich muss auch auflegen ... In Ordnung ... Ich sehe dich später.«

Chris hängte den Hörer ein und zählte langsam bis zehn. Wenn er das nicht tat, würde er vielleicht anfangen zu brüllen oder etwas kaputtschmeißen. Als er in die Küche kam, war sein Hühnertopf schon übergelaufen und hatte das Rohr versaut.

»Das ist ihr Problem«, murmelte er befriedigt, als er den Timer ausschaltete.

Während er den dampfenden Hühnertopf abkühlen ließ, öffnete Chris eine Dose Bier. *Warum fahre ich nach Hause?*, dachte er. Es war gar nicht mehr sein

Zuhause. Er wollte nicht, dass es das war. Das Problem war nur, dass er nicht wusste, was er wollte. Außer einem. Und das war verrückt, er wusste es, aber das Einzige, was er wollte, war, seinen Bruder zu retten. Er wollte in der Zeit zurückreisen und achtzehn Jahre alt sein, wie er jetzt war, und dort am Rand des Pools stehen, wenn sein Bruder hineinfiel. Er wollte ins Wasser tauchen und seinen Bruder herausholen und das Leben seines Vaters retten.

Und das Leben meines Vaters retten, dachte Chris.

Chris dachte: *Wenn mein Bruder leben würde, wäre er älter als ich. Wer weiß, vielleicht wäre er inzwischen verheiratet und hätte ein Kind. Ich wäre ein Onkel. Mein Vater wäre Großvater.*

Komisch, dachte Chris, *wenn ich an ihn denke, ist er immer jünger als ich, mein kleiner Bruder. Das liegt daran, dass er immer vier sein wird. Aber die Wahrheit ist, er wäre älter als ich. Vielleicht hätte er mir ein paar Sachen beigebracht. Vielleicht würde er jetzt da sein und mir sagen, was ich tun soll.*

Sogar jetzt war Chris sich nicht sicher, warum er seinen Job aufgegeben hatte. Er wusste nur, er konnte ihn nicht weiter tun. Er hatte genug vom Rettungsschwimmen. Es hatte sein müssen, in seinem Kopf, dieser Druck zusammen mit dem Bedürfnis, jemandes Leben zu retten, zu beweisen, dass er es konnte. Nein, im Gegenteil: zu beweisen, dass er nicht versagen würde. Je länger es nicht passierte, umso mehr stauten sich der Druck und das

Bedürfnis in ihm auf, und je wilder er sich nachts bei Partys aufführte, umso schlechter fühlte er sich am Tag. Das Tier verschlang ihn. Er musste davon loskommen.
Das Packen hatte nicht lange gedauert. Er hatte genügend Zeit für sein Mittagessen und noch ein Bier, bevor er zur Fähre ging. Er hatte sich von den anderen bereits verabschiedet. Gestern Abend hatte Jenny gesagt, sie sei enttäuscht von ihm. Chris hatte zu ihr gesagt, sie solle abhauen, was, wenn man es bedachte, vielleicht eine Überreaktion war. Sie war allerdings am Morgen noch vorbeigekommen, um sich zu entschuldigen. Sie hatte gesagt … was hatte sie gesagt? Ach ja, sie hatte gesagt, dass sie nur gemeint hatte, sie mache sich Sorgen um ihn.
Er sei ein guter Kerl, hatte Jenny gesagt. In seinem Inneren passierte mehr als bei den meisten Jungen, die sie kannte. Wie hatte sie ihn genannt? »Ein Klotz mit einem Herzen aus Gold.«
Ein Stück Hühnerfleisch blieb Chris in der Kehle stecken. Verdammt. Warum musste Jenny solche Sachen sagen? Wozu musste sie sich Sorgen um ihn machen? Er hatte an diesem Morgen zu ihr gesagt, dass er sie vermissen werde. Es war aus seinem Mund gekommen wie diese Wörter, die man automatisch sagt, aber dann sagte er es noch einmal.
»Nein, ehrlich, Jenny. Ich werde dich vermissen.«
Es war nicht so, als würde er sie lieben oder so. Sie war nicht im Geringsten sein Typ. Aber diese ganzen gemeinsamen Stunden oben auf dem Posten

hatten etwas Besonderes zwischen ihnen entstehen lassen. Zumindest empfand er es so. Sie hatten noch nicht mal allzu viel miteinander gesprochen, nicht so viel, wie Jenny es bestimmt gewollt hätte, aber er hatte gelernt ... Was? Ihr zu vertrauen? Ja, ihr zu vertrauen.

»Scheiße«, sagte Chris und kippte den Rest des Hühnertopfs in den Mülleimer. »Jetzt habe ich niemanden, dem ich vertraue.«

Während seines letzten Schuljahres hatte die Schulberaterin ihn gefragt: »Wenn du irgendetwas in deinem Leben ändern könntest – etwas Wirkliches, kein Wunder –, was würde es sein?« Chris hatte lange dagesessen, für sein Gefühl eine Stunde, und alles, was ihm einfiel, waren Wunder. Die Schulberaterin, eine wirklich nette und dynamisch aussehende Frau, die Miss Fox hieß, hatte sich schließlich vorgebeugt und seinen Handrücken berührt, ihm direkt in die Augen geschaut und gesagt: »Das ist deine Frage, Chris. Gib nicht auf, bis du sie beantwortet hast.«

War etwa Miss Fox verantwortlich für das Durcheinander in seinem Kopf in diesem Sommer?

He, sie war doch nicht schuld daran, dass er eine einfache Frage nicht beantworten konnte.

Chris schaute auf seine Uhr. Es blieb ihm noch ungefähr eine Stunde. Vielleicht sollte er, um die Zeit totzuschlagen, ein bisschen spazieren gehen. Während der ganzen Zeit, die er auf der Insel verbracht hatte, war er nie einfach spazieren gegangen. Nicht nur so. Es war nicht zu spät. Er konnte es jetzt tun, und, zum Teufel, wenn er die Fähre um eins verpasste, gab es immer noch eine um drei. Und die um halb sechs. Er konnte immer seine Mutter anrufen und ihr sagen, es würde später. Ihr sagen, sie solle dem Vater ausrichten, er brauche nicht zu warten. Die Sache war so, Chris wollte nicht heimfahren. Nicht wirklich. Er wusste nur keinen anderen Ort, wohin er gehen konnte.

Wo die traurige Musik gespielt wurde

Evan war schon fast an Chris' Haus, als er seine Meinung änderte. Er hatte irgendwie schon die ganze Zeit gewusst, dass er es sich anders überlegen würde. Um die Wahrheit zu sagen, er hatte schon die ganze Zeit gewusst, dass er sich selbst etwas vormachte, wenn er dachte, er würde es schaffen, Chris um Hilfe zu bitten.

Jedes Mal, wenn er daran gedacht hatte, hatte er zu sich selbst gesagt, dass er sich anhöre wie ein kleines, naives Kind. Oder noch schlimmer, wie einer, der für einen anderen schwärmte und versuchte sich einzuschmeicheln.

Als er die Neptun erreichte, die Straße, in der Chris wohnte, zögerte er nur kurz, bevor er weiterging zu Shanes Haus.

He, Shane, wie geht's?

Was willst du? Wie heißt du noch mal?

Evan. Ich heiße Evan. Wir sind mal zusammen rumgezogen, weißt du noch? Erinnerst du dich, wie du mich überreden wolltest, diese Sonnenbrille zu stehlen?

So?

So, deshalb weiß ich, dass du gerne klaust. Deshalb bin ich hier.

Was bist du, ein Bulle oder so was?

Evan lächelte. *Ich müsste fürs Fernsehen schreiben,* dachte er. Aber dann dachte er: *Was ist, wenn er es abstreitet? Und was ist, wenn seine Mutter zu Hause ist? Oh, einen guten Tag, Frau Wie-immer-Sie-auch-heißen, ich bin hier, um Ihren Sohn des Diebstahls zu beschuldigen.*

Fast hätte er sich wieder umgedreht. Doch dann dachte er an Callie. Und an seine Mutter. Und er beschloss, dass er, egal wie es auch ablaufen würde, Shane zur Rede stellen musste. Schlimmstenfalls würde Shane ihn einen Lügner nennen. Und bestenfalls würde er die Sachen zurückbekommen und ein Held sein.

Es dauerte fünf Minuten und er stand hinter einem großen Haufen Maulbeerbüsche vor Shanes Haus und versuchte, sich ein Herz zu fassen für das, was er vorhatte: die Auffahrt hinaufgehen, an die Tür klopfen, den Mund aufmachen und sagen, *He, Shane, wir müssen miteinander reden.*

Aber er kam nie weiter als zu dem Teil, an die Tür zu klopfen.

Niemand war zu Hause.

Evan wartete, dann klopfte er noch einmal und wartete wieder.

Erst konnte er sein Glück gar nicht fassen. Dann dachte er, er müsse verrückt gewesen sein zu glauben, dass Shane zu Hause sei.

Als hätte er auf mich gewartet. Ungefähr so: *He, Evan, danke, dass du vorbeikommst. Hier ist dein Zeug. Ich wünsche dir einen schönen Tag.*

Evan ging davon, ohne seine Drohungen ausgesprochen zu haben, ohne alles, was er sich selbst versprochen hatte, wahr zu machen. Er überlegte, was er als Nächstes tun sollte, als er auf einmal die Musik hörte. Eine Frau sang, genau wie Callie es beschrieben hatte, als sie ihm ihren Traum erzählte: Als ob jemand gestorben wäre.

Als Evan zu der Kreuzung kam, ließ ihn die Musik innehalten. Er könnte gesagt haben, er sei stehen geblieben, um zuzuhören, aber so war es nicht. Es war eher so, als hätte die Musik einen langen Arm aus dem Haus gestreckt und um ihn geschlungen, als hielte sie ihn fest, während die Stimme in seinen Ohren weinte. *Evan, ich bin so traurig, hörst du es? Hörst du, wie traurig ich bin? Evan, Evan, ich weine. Mein Herz bricht. Ich bin voller Kummer und Schmerzen.*

Evan stand da, unfähig, sich zu bewegen, wie in einem Traum. *In Callies Traum,* dachte er, *das Haus war dunkel und sie war allein, bis auf die Stimme hinter der Tür.*

In der Ferne hörte er Schritte. Er drehte sich um. Jemand kam auf ihn zu. Er sah aus wie Chris, aber das konnte nicht sein. Chris fuhr nach Hause, war vermutlich schon weg.

Die Musik zog Evan langsam in Richtung Bucht, bis er vor einem dunklen Haus stand, fast versteckt in hoch gewachsenen Büschen und dickem Schilf. Es klang wie die Opernmusik, die er mal gehört hatte, als er an diesem Haus vorbeigekommen war.

Nach einem weinenden Crescendo, als sei nun getan, was getan werden musste, hörte die Musik auf. In der Bucht erklang eine Warnglocke, eine Taube gurrte, überall summten Insekten. Dann fing die Musik wieder an.

Ein Sonnenstrahl fiel auf eine Stelle unter dem Haus und etwas Leuchtendes blitzte Evan entgegen. Silber, dann Türkis, dann ein sehr, sehr strahlendes Gelb.

Evan bückte sich. Dort, in dem Abstellplatz unter der vorderen Veranda, lag sein Drachen. Sein Herz klopfte, er kroch so leise wie möglich unter das Haus, bis er ihn berühren konnte: den Drachen, den sein Vater gekauft hatte, den Drachen, der Evan das Gefühl gegeben hatte, zu fliegen.

Er erinnerte sich: Da war noch jemand gewesen, dem der Drachen dieses Gefühl gegeben hatte.

Sie war der Dieb, der in sein Haus eingedrungen war.

Das war ihr Haus. Wo die traurige Musik spielte.

Evan kroch vorsichtig an der Veranda entlang zurück, dann hinauf bis zu dem Fenster neben der Haustür. Es dauerte einen Moment, bis sich seine Augen an die Dunkelheit drinnen gewöhnt hatten. Und sogar dann konnte er nicht verstehen, was er sah.

Eine Küche.

Zwei Menschen, die an einem Spülbecken standen.

Ein Mann. Groß, in einer Hose, ohne Hemd. Haare auf den Schultern. Große Arme, breite Brust. Stark.

Ein Mädchen.
Der Mann hielt den Kopf des Mädchens in ein Spülbecken voller Wasser.
Evan konnte das Wasser sehen.
Er dachte: *Der Mann wäscht die Haare des Mädchens*.
Aber es lief kein Wasser.
Und er konnte kein Shampoo sehen.
Es war keine Bewegung.
Der Körper des Mädchens war hart über das Spülbecken gebogen, ihre Hände baumelten an der Seite, ihr Kopf war unter Wasser. Die ausgestreckte Hand des Mannes blieb hart. Ihre Kraft war erschreckend.
Evan dachte: *Wenn der Mann nicht die Haare des Mädchens wäscht ...*
Plötzlich ballte sich die Hand des Mannes zur Faust und zog Strähnen aus den Haaren des Mädchens, als wären sie Unkraut, das herausgerissen werden müsse, und zerrte ihren Kopf aus dem Wasser. Das Mädchen schnappte nach Luft und spuckte Wasser aus und gab würgende Laute von sich und sagte: »Bitte, Dad.« Und der Mann sagte: »Ich glaube nicht, dass du deine Lektion gelernt hast.«
Auf dem Tisch, mitten im Raum, lag Callies Foto, der Rahmen und das Glas waren zerbrochen, das Bild zerrissen.
Evan schaute hoch, als das Mädchen sich dem Fenster zuwandte und ihn sah. Ihre Augen waren wie die Musik, sie riefen ihn.

Die Hand des Mannes drückte den Kopf des Mädchens wieder unter Wasser. Ihre Arme bewegten sich wild, schlugen gegen den Rand des Spülbeckens und klammerten sich daran.
Evan rannte so schnell, dass seine Füße brannten.

Und der Engel kam

Diesmal war es anders. Sie würde sterben. Er würde ihren Kopf unter Wasser drücken, bis keine Luft mehr in ihr war und sie ihren Mund öffnen müsste und das Wasser würde in sie dringen und sie ausfüllen und sie würde in einem Spülbecken voller Wasser ertrinken und das Letzte, was sie hören würde, wäre die Musik, immer diese Musik hinter der Tür, hinter der sich ihre Mutter in der Musik versteckte, um nichts zu hören, um nicht zu wissen, was ihr Vater mit ihr tat. Aber es war nicht wie die anderen Male. Sie war damals auch böse gewesen, sie war immer böse, deshalb musste er diese Sachen mit ihr machen. War es nicht das, was er ihr sagte? *Margaret, du warst wieder böse. Margaret, du musst bestraft werden.* Der Schrank damals, erinnere dich, wie dunkel er war, vier Tage lang, sie konnte sich kaum erinnern, und wie er sie eingeklemmt hatte, dass sie stehen musste und es keinen Platz gab zum Sitzen? Aber sie hatte es verdient. Sie verdiente es immer. Besonders jetzt, hatte er ihr nicht gesagt, das sei das Schlimmste, was sie ihm je angetan hatte, sie hatte ihn in einen Wutanfall versetzt, diesmal, verdiente sie es nicht? Oh Gott, sie konnte nicht atmen, aber er würde ihren Kopf nicht loslassen, er würde sie festhalten, bis …

Bitte Evario, Junge am Fenster, Gesicht am Fenster, lass mich nicht im Stich. Mach, dass er aufhört, mach, dass er aufhört.

Plötzlich war ihr Kopf aus dem Wasser, die Hand ihres Vaters riss an ihren Haaren, sie konnte den Schmerz aushalten, der Schmerz war egal, wichtig war Luft und jetzt schnappte sie danach, hustend, spuckend, sie fühlte sich wie ein Schwamm, ihr Gesicht war nass vom Wasser, nass von Tränen und Spucke und wässrigem Rotz, der aus ihrer Nase lief. Sie war nichts als ein Schwamm, den ihr Vater mit Wasser füllen und ausdrücken und wieder füllen konnte.

»Bitte, Dad, hör auf.«

Er war ihr Vater, er liebte sie, sagte er nicht dauernd, dass er sie liebte? Sagte er nicht, er würde sie nur strafen, weil er sie liebte? Weil, wenn sie böse war …

Keine Zeit, zum Fenster hinüberzuschauen. Sie war wieder unter Wasser. War er noch da, der Junge, der Meerjungfrauenmacher, der Prinz, der Bruder, ihr Bruder? All die Male und in den schlimmen Zeiten, wenn sie etwas Böses gemacht hatte, hatte er sie noch nie so bestraft wie jetzt, sogar als sie in der Wanne mit eiskaltem Wasser sitzen musste, bis sie blau war und ihre Mutter sie in die vielen Handtücher und Decken gewickelt hatte, sogar damals hatte sie überlebt, das Schlagen und Zwicken und Verdrehen hatte sie überlebt, aber das hier konnte sie nicht überleben. *Oh Gott, warum habe ich ihm das Bild und den Schal gezeigt, aber es war das Bild, das ihn verrückt gemacht hat.*

Sind wir nicht gut genug für dich, Margaret, deine Mutter und ich? Ist es dahin, wohin du jeden Tag gehst, gehst du weg, um bei deiner anderen Familie zu sein? Was für Lügen erzählst du ihnen über uns, Margaret? Erzählst du ihnen, dass dein Vater böse zu dir ist, wo du doch weißt, er liebt dich, wo du weißt, dass er dir nur manchmal wehtut, weil du ein böses Kind bist und er liebt dich und will dich zu einem guten Kind machen? Schau dir das an, Margaret, schau dir dieses Bild an … Deine Mutter sagt, du hast ihr das Foto aus der Brieftasche gestohlen und es ausgeschnitten, und für was? Um dein Gesicht in eine andere Familie zu stecken, wo es nicht hingehört, als ob sie um Himmels willen je einen faulen Apfel wie dich gewollt hätten.

Aber, dachte Margaret, *ich habe ihm nie das Bild gezeigt. Das hätte ich nie getan. Er hat es genommen. Er kam in mein Zimmer, als ich nicht da war, hat es durchsucht, muss es durchsucht haben, denn das Bild und der Schal waren unter der Matratze, zum Glück ist mein Notizbuch an einer Stelle, wo er es nie findet, er wird nie sehen, was ich geschrieben habe. Aber er hat gesucht, er hat nach irgendetwas gesucht, was ich ihm vorenthalten könnte, was ich vor ihm versteckt haben könnte. Ich bin nicht böse. Er ist böse. Das habe ich schon lange gewusst … Was? Was habe ich schon lange gewusst? Was habe ich gewusst?*

Sie fühlte den Ruck, wusste nicht, ob es die Hand ihres Vaters war, der sie aus dem Wasser zog, oder der Todesengel. Der Raum war verschwommen. Sie weinte, wimmerte, stammelte, wusste nicht, was sie sagte. Ein Blick zur Seite, zum Fenster, zeigte ihr, dass der Junge verschwunden war.

Alle Hoffnung.

Vorbei.

Sie dachte so viele Dinge auf einmal, es war, als wären ihre Gedanken auf verschiedenen Stockwerken und ihr Bewusstsein wäre ein Aufzug, der außer Kontrolle nach oben und unten raste und die Gedanken hereinließ, aber nicht hinaus.

Die Musik, dieselbe Musik, die traurige …

Seine Hand …

Habe ich mir den Jungen am Fenster eingebildet?

Bin ich böse, wirklich, bin ich …

Mein Kopf …

Wenn ich ertrinke, wenn ich sterbe …

Die Musik, dieselbe Musik, diese traurige, wird sie bei meiner Beerdigung spielen …

Wird es eine Beerdigung geben, wer wird kommen, welche Freunde habe ich …

Wird irgendjemand die Wahrheit wissen, was mit mir passiert ist …

Was ist die Wahrheit? Bin ich böse …

Nein, ich bin nicht …

Ich bin ein gutes Mädchen, du bist ein böses Mädchen, Margaret …

Was tust du in unserem Haus?

Ich habe nichts Böses gewollt, ich wollte mich nur umschauen, mir war schlecht, ich musste zu einem Badezimmer.

Mir ist schlecht.

»Bitte, Dad, hör auf.«

Ohne Warnung diesmal, ihr Kopf unter Wasser, sie war nicht vorbereitet, konnte nicht atmen, hatte keine Wahl, sogar wenn es bedeutete, dass sie später bestraft würde, falls es ein Später gab; sie sammelte die ganze Kraft, die ihr verblieben war, in ihren Händen, ballte sie zu Fäusten und schlug blindlings los, wo ihr Vater war, sie schlug ihn, so fest sie konnte, sie dachte nicht daran, was sie tat, sie versuchte nur zu überleben, zu überleben, versuchte nur zu überleben ...

Und nun verließ sie die Kraft, sie schwebte hinauf zur Decke, ja, schwebend beobachtete sie, wie sie es immer tat, beobachtete sich selbst, nicht sich selbst, ihren Körper, während er tat, was er ihrem Körper tat, zog sich selbst weg vom Schmerz, weg von der Erniedrigung, dem Hass, JA, dem Hass. Irgendwo in Sicherheit. Wenn sie einen sicheren Platz fand, konnte sie es ertragen, konnte sie alles Mögliche ertragen. Oben an der Decke, hinunterschauend, beobachtend, wie sie es immer tat, sicher, weg von Margaret, passierte es diesem Mädchen namens Margaret, *aber nicht mir, ich bin hier, Margaret ist nur der Name des Körpers, dem er wehtut*, aber diesmal war es anders. Sogar als sie sich selbst beobachtete, wie sie versuchte, sich zu retten, wusste sie, dass sie sich beim Sterben beobachtete, diesmal wird er sie sterben lassen, diesmal war sie zu weit gegangen, zu böse gewesen. *Und das Biest wird mich töten.*

Doch dann hörte sie (wirklich? hörte sie es?) eine Stimme rufen: »Aufhören!«

Und ihr Kopf wurde aus dem Wasser gezogen, wie ein Baby, dem Tode nahe, aus dem Bauch der Mutter gezogen wird, bevor es erstickt, bevor es stirbt, bevor es leben kann.

Sie begann zu würgen, ihr Körper hob und senkte sich, als Wasser aus ihrem Mund lief, ihrer Nase, ihren Augen.

Alles an ihr weinte.

Die Hand ihres Vaters war nicht mehr auf ihr. Er bewegte sich fort, als ein anderer auf sie zukam. Sie sah (es war unsinnig, aber sie sah es), dass es der Engel war, der näher kam, nicht der Engel des Todes. Es war ihr Engel und hinter ihm der Prinz Evario, der Prinz, ihr Bruder, der Junge am Fenster, sie waren gekommen, ja, sie waren da, sie würden sie nicht sterben lassen, sie hatten ihre Gebete gehört …

Der Engel legte die Arme um sie (sie konnte das Meer an ihm riechen), hielt sie, bis ihr Körper still war und sie fühlte, wie sie sank, leicht, durch die Luft, eine schwebende Feder …

»Es geht dir gleich besser«, sagte der Engel, seine sanfte Stimme hüllte sie ein wie Wolken, wie weiche Flügel.

»Lass deine Hände von meiner Tochter«, hörte sie ihren Vater sagen. »Ich sollte die Polizei rufen.«

»Warum tun Sie das nicht?«, antwortete der Engel. »Ich bin sicher, dass die Polizei daran interessiert ist zu erfahren, was hier passiert.«

Das Gesicht ihres Vaters war eine rote Wunde, zerschnitten von der dünnen, weißen Narbe seiner Lippen. Oder war es Feuer, sein Gesicht? *Verbrenne*, dachte sie, *brich in Flammen aus, damit nichts als Asche bleibt, die ich wegfegen kann.*

Seine Augen wurden schmal, als er merkte, dass sie ihn anschaute. Beschämt wandte sie sich ab. Der Junge stand an der anderen Seite des Tisches und starrte auf das ruinierte Foto seiner Familie. Margaret wollte ihm sagen, dass es ihr Leid tat, dass sie es nicht hatte stehlen wollen, aber sie konnte es nicht, sie hatte keine Worte. Außerdem fürchtete sie, dass alles vielleicht nur ein Traum war, dass sie gestorben war und träumte, und wenn sie sprach, würde sie aufwachen und merken, dass sie tot war.

Dann sah sie ihre Mutter in der offenen Tür zum anderen Zimmer stehen, hinter ihr spielte noch immer die Musik. Ihr Gesicht war ein Spiegel von Margarets eigenem Gesicht: verwirrt, als wache sie aus einem Traum auf oder sei mitten in einem Traum.

»Ich möchte sehen, wie du etwas beweisen willst, verdammt«, hörte sie ihren Vater knurren. »Du bist hier eingebrochen und beschuldigst mich wegen Gott weiß was …«

»Niemand hat Sie wegen irgendetwas beschuldigt, Sir«, sagte der Engel ruhig.
»Du bist verdammt unverschämt. Und ich würde das nicht tun, wenn ich du wäre. Denn dann steht dein Wort gegen meins. Und wem werden sie glauben? Ich bin der Vater des Mädchens.«
»Das gibt Ihnen kein Recht«, sagte der Junge, seine Stimme zitterte, war aber klar und scharf wie Glas. »Ich habe Sie gesehen. Ich habe Sie durch dieses Fenster beobachtet und habe gesehen, was Sie taten. Ich werde es der Polizei sagen, so wie ich es Chris gesagt habe. Ich habe keine Angst vor Ihnen.«
Margarets Vater machte einen Schritt auf den Jungen zu. »Weißt du, was ich glaube?«, sagte er und seine Farbe wurde wieder normal, seine dünnen Lippen dehnten sich zu dem geschäftsmäßigen Lächeln, als er erst den Jungen ansah und dann den Engel. Margaret war sich bewusst, dass er die Anwesenheit ihrer Mutter nicht wahrnahm. »Ich glaube, da ist ein Missverständnis passiert. Erlaube mir die Frage, Sohn: Was genau hast du gesehen, als du durch das Fenster geschaut hast?«
»Ich habe gesehen, dass Sie ihr den Kopf unter Wasser hielten«, sagte der Junge, auf Margaret deutend. »Genauso war es, als ich mit Chris zurückkam.«
Ihr Vater gluckste. »Siehst du? Das meine ich. Was wir hier haben, ist ein Missverständnis. Mein kleines Mädchen hat Angst vorm Schwimmen. Ich frage euch, habt ihr sie in diesem Sommer je im Wasser gesehen? Hm? Habt ihr? Einer von euch?«

Er wartete, bis beide Jungen langsam den Kopf geschüttelt hatten.

»Sie hat Angst, das ist es. Sie sagte zu mir ... sie sagte zu mir: ›Daddy, ich habe Angst vorm Ertrinken, deshalb will ich nicht schwimmen. Wenn du mir beibringst, unter Wasser zu atmen, würde ich mich vielleicht nicht fürchten.‹ Das ist es, was ich getan habe, Jungs. Fragt sie, wenn ihr mir nicht glaubt; fragt sie doch; sie ist ein gutes Mädchen, sie wird euch die Wahrheit sagen. Nicht wahr, Margaret, du bist doch ein gutes Mädchen?«

Sie konnte ihn nicht anschauen. Wenn sie es täte, wäre sie nie in der Lage, die Wahrheit zu sagen. Was wäre, wenn sie die Wahrheit sagen würde, wenn sie den Mund aufmachen und die reine, die ungeschminkte Wahrheit sagen würde, keine Geschichten mehr, keine Engel und Biester und Puppen und Prinzessinnen, sondern die Wahrheit ...

Mein Vater tut mir weh.

Es wäre so leicht. Fünf Wörter. Alles, was sie zu tun hatte, war, ein Wort die Hand des nächsten nehmen zu lassen und wieder des nächsten und sie herauszulassen in die Öffentlichkeit, dass jeder sie hören konnte. Jeden die Wahrheit hören zu lassen.

Aber die Wahrheit verwirrte sie. Sie tat es immer. Sie *hatte* Angst vorm Schwimmen. Das *war* die Wahrheit. Hatte sie ihren Vater gebeten, er solle ihr beibringen, unter Wasser zu atmen? Vielleicht hatte sie es vergessen. Vielleicht glaubte sie nur, bestraft zu werden, aber vielleicht war es gar nicht so.

»Warum geht ihr Jungs jetzt nicht weg?«, sagte ihr Vater.
Die Hand des Engels lockerte den Griff an ihrer Schulter. Der Junge bewegte sich rückwärts vom Tisch weg. Sie wollte schreien: *Lasst mich nicht allein*! Aber wenn sie das täte, würde die Strafe nur umso schlimmer werden.
»Ihr seid gute Jungs«, fuhr ihr Vater aalglatt fort. »Es wäre mir unangenehm, euch irgendwelche Schwierigkeiten zu machen, also, warum geht ihr nicht …«
Eine Tür wurde geschlossen. Ein Schloss fiel zu, und hinter der verschlossenen Tür schrie ihre Mutter gellend auf: »Nie mehr! Nie mehr!« Plötzlich wurde die Musik lauter und lauter, bis ihre Kraft das Haus fast erzittern ließ.
Margarets Vater rannte durch das Zimmer und warf sich gegen die Tür, schlug mit Hammerfäusten dagegen. Aber sie gab nicht nach und die Musik plärrte. »Verdammt, Helen«, bellte er. »Was versuchst du mir anzutun? Willst du, dass die Polizei wieder kommt? Ist es das, was du willst?«
Die ohrenbetäubende Musik war die einzige Antwort. Als er sich schließlich umdrehte, war sein Gesicht bleich wie Asche, das Feuer war verschwunden. *Meine Mutter*, dachte Margaret, *hat ihn verraten.* Als könne er ihre Gedanken lesen, schaute er sie an und zischte: »Bist du jetzt glücklich?« Er fuhr sich mit der fleischigen Zunge über die trockenen Lippen. »Bist du glücklich?«

Seine Frage durchfuhr sie wie ein elektrischer Schlag – nicht wegen der Bösartigkeit, die sich dahinter verbarg, seinem armseligen letzten Versuch, sie zu verletzen, sondern deshalb, weil sie tief in ihrem Innern wusste, dass die Antwort *Ja* war. Ja, sogar wenn sie es noch nicht empfinden konnte, ja, sie war glücklich. Sie würde es sein. Irgendwann.

Der Junge fragte: »Was sollen wir tun, Chris?«

»Nichts«, sagte der Engel. »Nur warten. Warten mit Margaret, bis wir wissen, dass sie in Ordnung ist.«

Es dauerte nicht lange, da kam ein Polizist. Er war schon früher in diesem Haus gewesen. Diesmal war die Musik so laut, dass er noch nicht einmal auf eine Beschwerde warten musste. Er hatte sie sechs Blocks entfernt gehört.

Er sprang auf die Rampe und schrie: »Was zum Teufel ist hier los? Habe ich euch nicht gesagt ...«

Als er die Tür aufriss, hörte die Musik abrupt auf. Nur noch die Zikaden und die Tauben waren zu hören, und irgendwo weit weg ein Nebelhorn, und dann ein Schlüssel, der in einem Schloss gedreht wurde.

Als Margarets Mutter in den Raum kam, strömten ihr Tränen über das Gesicht, als wäre in ihr ein Damm gebrochen.

Der Polizist schaute von einem Gesicht zum anderen. »Was zum Teufel ist hier los?«, wiederholte er.

Margaret sah, dass die Augen des Jungen ihr vergaben. Sie fühlte, wie die Hände des Engels sanft ihre

Schultern drückten, sie dann losließen. Sie machte einen Schritt, einen kleinen Schritt, auf den Polizisten zu. Als sie dies tat, fühlte sie einen leichten Luftzug hinter sich oder glaubte ihn zu fühlen; sie hörte das Rauschen von Flügeln oder glaubte es zu hören. Sie schloss die Augen und stellte sich vor, wie sie den Raum füllten, diese weißen, flaumigen Flügel, stark und sanft und bereit, sie zu halten, wann immer sie sie brauchte, so wie sie sie jetzt brauchte, damit sie sie hielten, jetzt, als sie die Augen öffnete, ihre Lippen sich voneinander lösten und die Wahrheit freigaben.

»Mein Vater«, sagte sie, »tut mir weh.«

Und der Engel kam
und das Biest war geschlagen
und von der Puppe fiel der Zauber ab,
und ihre Mutter, die wirkliche Mutter, die wahre Mutter, die in der Puppe eingesperrt gewesen war, hielt das Mädchen und bat sie um Vergebung und
eines Tages
würde das Mädchen ihr vergeben
und dann
würde die Mutter ein Lied singen
und es wäre
es wäre
ein glückliches Lied,
und das Mädchen wäre endlich sicher,
und Margaret,
ja,
ich bin Margaret,
und Margaret
wäre endlich sicher.